kibu

Mechthild Severin

Ein buntes Bastelbuch für Mädchen

kibu

10.–15. Tausend

5750 Menden 1 / Sauerland
Umschlagbild Manfred Opitz
und Werner Ahrens
Textzeichnungen Werner Ahrens
Gesamtherstellung Druckhaus Ernst Kaufmann, Lahr
Printed in Germany

ISBN 3 88101 546 9

Das findest du auf Seite . . .

Basteln ist ein sinnvolles Gestalten der Freizeit

Die Freude am eigenen Herstellen von schönen Dingen sollen dir ausgleichende Stunden geben. Wie schön ist es, wenn eine gelungene Arbeit Lob und Anerkennung findet.

Oft gibt es Gelegenheiten, selbstgebastelte Gegenstände zu verschenken.

Durch Basteln entdeckst du schöpferische Fähigkeiten, die später zu einem Beruf fürs Leben führen können.

Viele Materialien und scheinbar nutzlose oder nicht mehr zu gebrauchende Gegenstände bieten sich zum Verarbeiten an.

Dieses Buch soll dir nun viele schöne Anregungen für einen ganzen Jahresablauf geben und zur weiteren selbständigen Ausführung und zum Finden neuer Ideen führen.

Materialkunde:

Was sagt das Lexikon über die einzelnen Materialien:

Bast: sind Blattfasern der Raffiapalme.

Batik: ist eine Farb- und Maltechnik. Der Stoff wird entsprechend der gewünschten Musterung mit heißem Wachs aufgetragen und dann in den ausgesuchten Batikfarben getränkt.

Emaillieren: eine durch Schmelzen entstandene Masse, die in einer oder mehreren Schichten auf metallische Werkstücke aufgeschmolzen wird.

Farben: Aquarell, Farbstifte, Filzstifte, Fingermalfarbe, Kohle, Kreide, Ölfarbe, Ölkreiden, Plakafarben (Anilinfarben), Pastellstifte, Tusche, Tempera, Wachsmalstifte, Wasserfarbe.

Filz: Faserverband aus losen, nicht gesponnenen (Tier) Haaren (Haar-Filz) oder Wollen (Woll-Filz) die zusammengepreßt oder gewalkt werden. Vielseitige Verwendung.

Folie: dünnes Metallblatt oder Kunststoffblatt, z. B. Gold- oder Farbfolie.

Drucktechnik: Hochdruck (Linolschnitt), Tiefdruck (Radierungen – Kupferstich), Flachdruck, Materialdruck, Stempel (Kartoffeldruck).

Gießharz: vielseitig verwendbares, dünnflüssiges Polyesterharz, das durch Zugabe eines Härters zu einem stabilen Kunststoff aushärtet.

Holz: es gibt viele Holzarten, die alle andere Eigenschaften besitzen.

Ahorn: ist ein hartes, haltbares und helles Holz.

Birke: rötlichweißes Holz mit schöner Maserung.

Buche: ist ein rötliches, hartes Holz.

Eiche: ist haltbar und schön. Das Holz hat eine bräunliche Färbung.

Erle: das Holz ist rötlichbraun und weich.

Kiefer: das Holz ist gelblich gefärbt, mit schöner Maserung.

Linde: ist ein weiches, helles Holz.

Pappel: ist ein faseriges Holz.

Rüster oder Ulme: hat ein helles, braunes Kernholz.

Tanne (Fichte): das bei uns am meisten verwendete Holz.

Hobelspan: sind hauchdünne Hobelstreifen, die man auch gefärbt kaufen kann.

Schmuckkarten

Mit bunt gestalteten Schmuckkarten wirst du deine Empfänger überraschen. Zu jeder Gelegenheit lassen sich passende Motive finden. Viele Möglichkeiten der Gestaltung bieten sich an. Zum Beispiel:

Colagen:

Auf eine Briefkarte, farbig oder weiß, klebst du aus verschiedenen Materialien ein Motiv. Bevor du es aufklebst, hast du die Materialien auf ein Stück Papier als Vorentwurf zusammengelegt.

Erst jetzt kannst du mit dem Aufkleben beginnen (siehe Abbildungen).

Materialdruck:

Zu diesem Druckverfahren bemalst oder walzt du kleine Pflanzen, Blätter, deine Fingerspitzen, deine Zehen, fein- und grobgewebte Stoffreste, Holz usw. mit Stoffmal-, Plaka- oder Fingermalfarbe und drückst diese Sachen vorsichtig auf deine Briefkarte zu einem schönen Muster (s. Abb.).

Gut trocknen lassen.

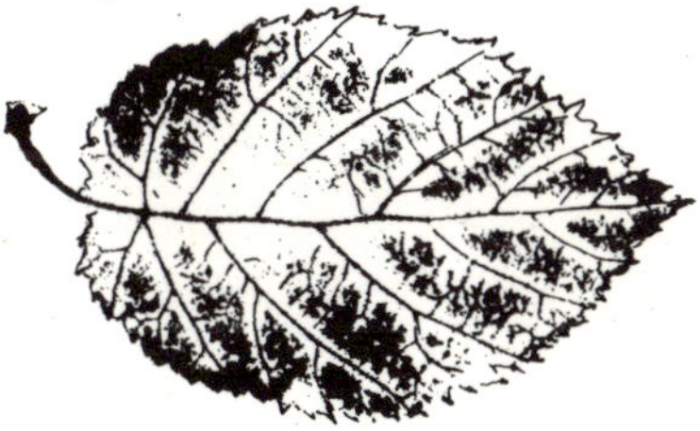

Kartoffel- und Linoldruck:

Hier bedruckst du deine Briefkarte im Kartoffel- und Linoldruck nach der Anleitung wie es auf Seite 29 angegeben ist (s. Abb.).

Papiermosaik:

Zunächst machst du dir ein Muster wie deine Karte aussehen soll. Dann nimmst du alle farbig bedruckten oder auch selbstangemalten Papiere, schneidest oder reißt sie in quadratische Stückchen, ca. 5 x 5 mm groß, und klebst diese mit Kleber nach deiner Vorstellung auf eine Briefkarte.

Im Fachgeschäft erhältst du auch selbstklebendes Buntpapier. Hiermit kannst du sauberer arbeiten.

Verlaufbilder:

Dies ist eine lustige Technik. Du gibst einen dicken farbigen Tropfen auf deine Briefkarte. Mit Hilfe eines Strohhalmes pustest du nun die Farbe in verschiedene Richtungen auseinander.

Du kannst mehrere Farben verwenden, desto bunter und lustiger wird deine Karte.

Papierradierung:

Eine interessante Technik. Du ritzt mit der Stopfnadel ein Motiv in deine Karte. Hierbei brauchst du nicht zimperlich vorzugehen. Dann streichst du mit einem Pinsel Wasserfarbe über die Karte. Du wirst erstaunt sein über dein kleines Kunstwerk.

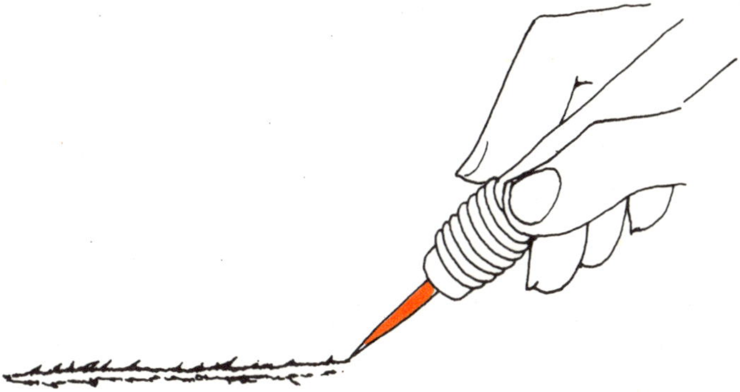

Spritzbilder:

Bei der Spritztechnik hast du viele Möglichkeiten, deine Briefkarte zu gestalten. Du kannst hier z. B. einen kleinen Tannenzweig, Blüten oder Gräser auf eine Karte legen. Mit einer in Wasserfarbe getränkten Zahnbürste spritzt du nun die Karte ein, indem du mit dem rechten Zeigefinger die Borsten abstreifst. Dieses wiederholst du, bis die Karte ganz mit Farbe bespritzt ist. Dann hebst du den aufgelegten Gegenstand ab, und deine Karte ist fertig.

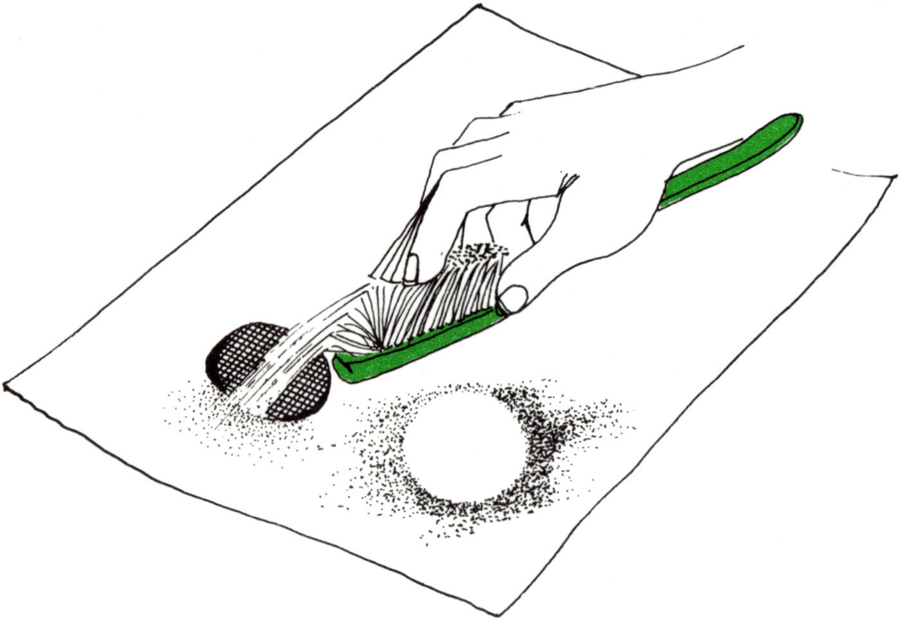

Mit Schablonenelementen wie Kreise, Rechtecke, Quadrate, Dreiecke usw. aus festem Karton geschnitten, kannst du auch vielseitig arbeiten. Du legst die Teile zu einem Muster geordnet auf deine Karte und spritzt wieder mit der getränkten Zahnbürste deine Karte zu. Ein besonderes Farbenspiel erreichst du, wenn du die gleichen Schablonen nach dem Trocknen noch einmal auflegst, jedoch nur anders geordnet und nun mit einer zweiten Farbe einspritzt.

Bei dieser Arbeit empfehle ich dir eine alte Schürze zu tragen und den Tisch mit Zeitungen vorher gut abzudecken.

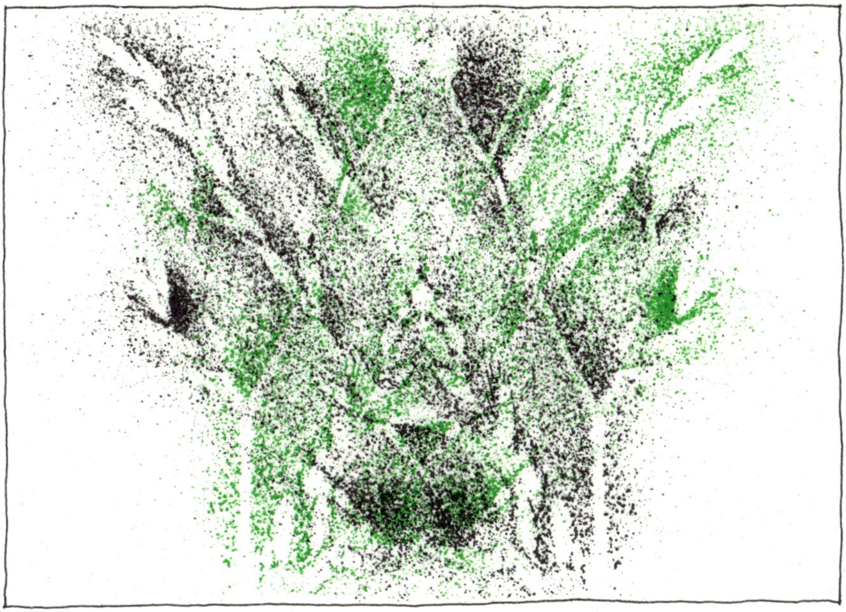

Faltbrief

Geheimnisvoll wirkt dieser Brief, wenn ihn deine Freundin erhält.

Du kannst ihn auch als Einladungskarte für deine Geburtstags-party oder zu einem anderen Anlaß verwenden.

Material:

Weißes oder farbiges Papier

Ausführung:

Du schneidest nach den angegebenen Maßen ein Stück Papier und faltest dann nach der angeführten Reihenfolge den Faltbrief.

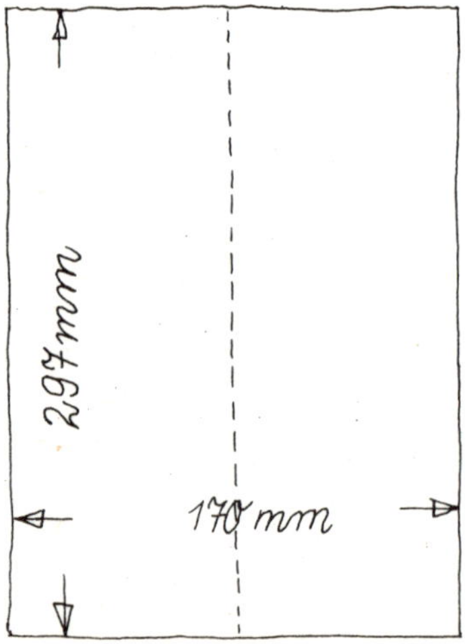

Falte ein Blatt einmal lang und einmal breit

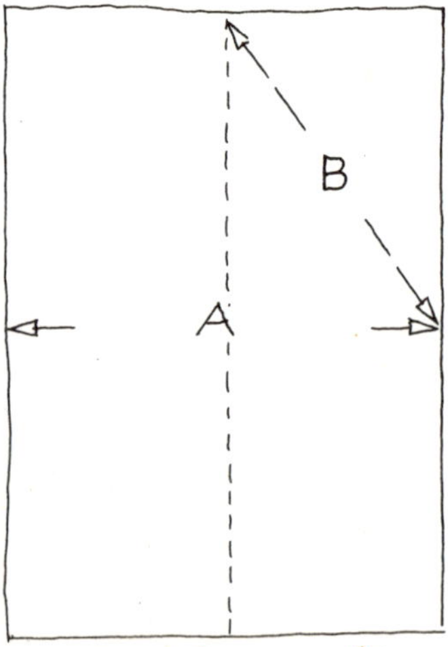

Die Blattbreite A (170 mm) ist genau so lang wie die Diagonale B (170 mm)

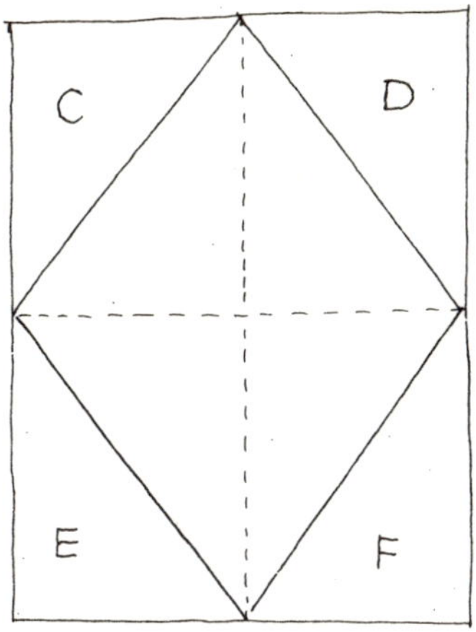

nun schneide die Ecken
C · D · E und F ab. und

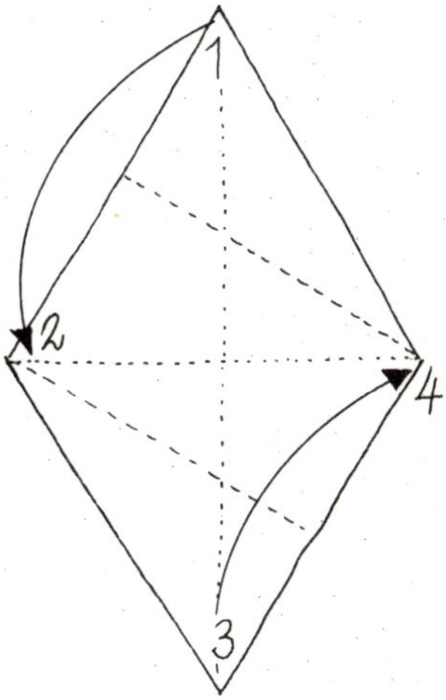

falte die Ecke 1 auf 2
und die Ecke 3 auf 4

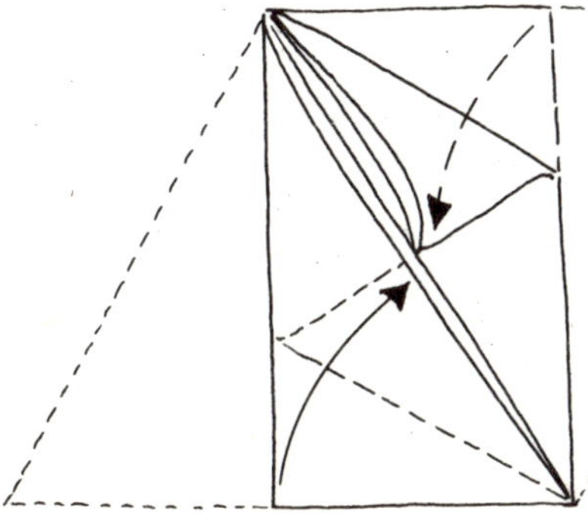

die Kanten der kurzen Seiten
lege zur Mitte um,

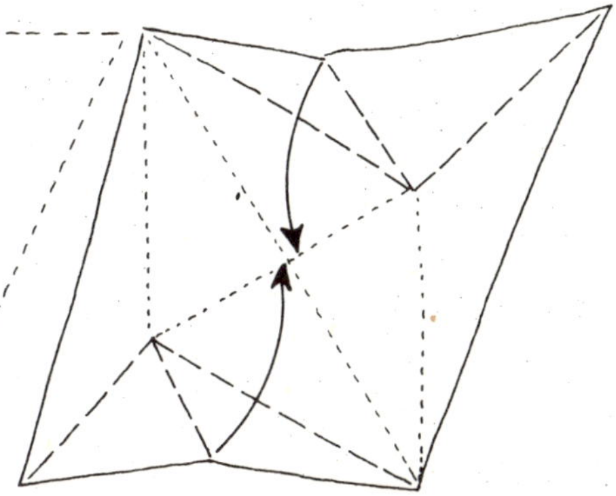

falte den Brief auseinander
und lege ihn so wieder
zusammen.

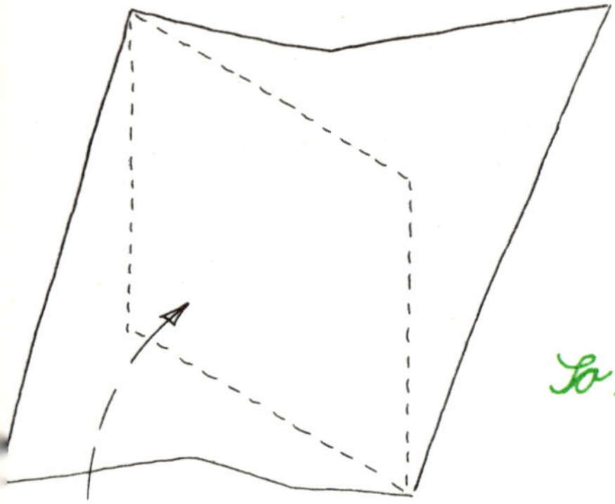

In dieses Feld kannst du deine Einladung schreiben!

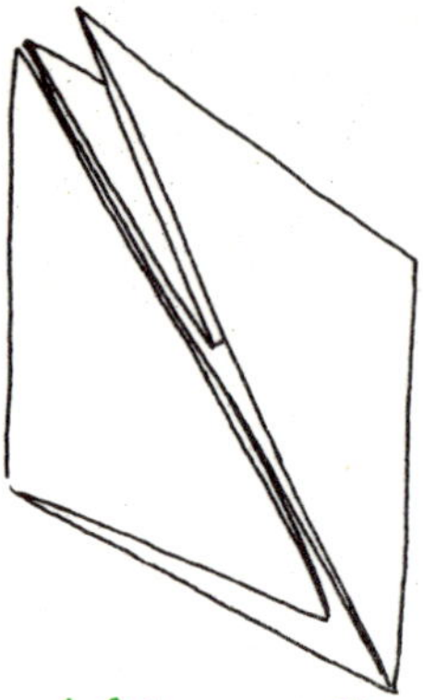

So sieht der Brief jetzt aus!

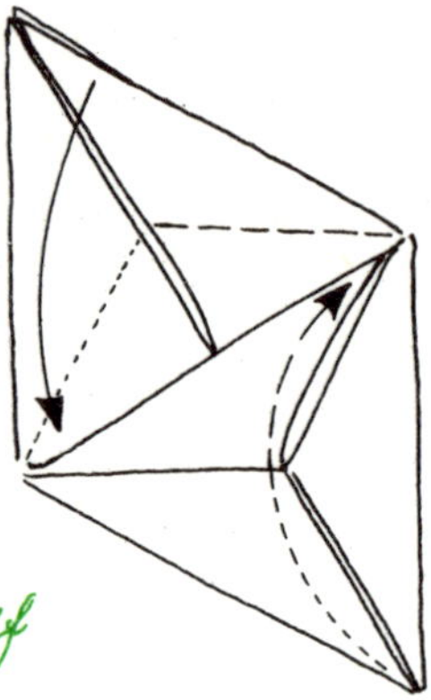

Falte nun die Zipfel quer und stecke sie unter die Seiten,

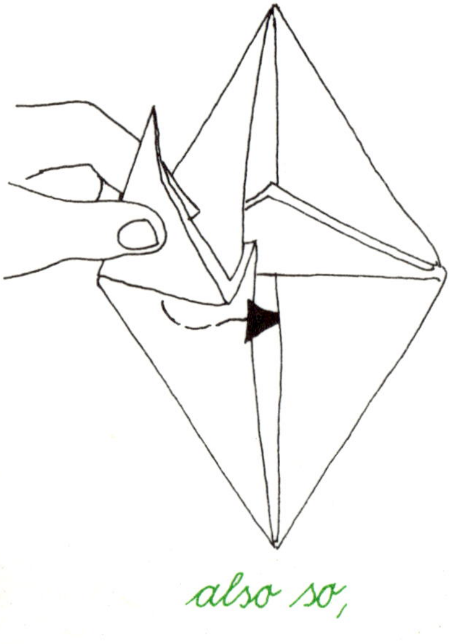

also so,

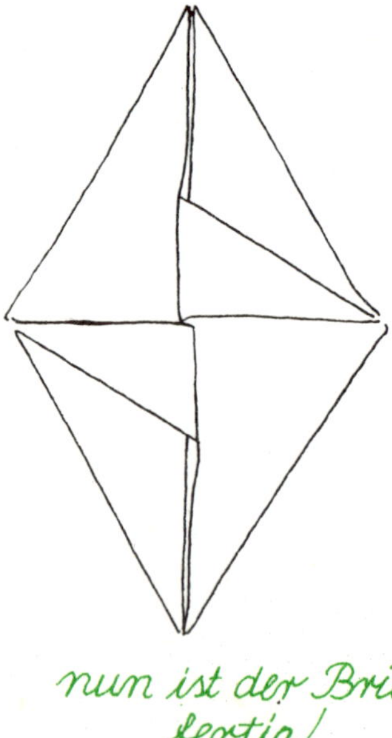

nun ist der Brief fertig!

Stoffdruck

Du kannst mit mehreren Materialien Stoff bedrucken, z. B. mit Kartoffeln, Korken und Linol. Der Kork- und der Kartoffeldruck sind die einfachsten. Jedoch kannst du hiermit nur kleine Muster aufdrucken. Der Linoldruck ist eine etwas anspruchsvollere Druckart für große und schwierigere Formen. Du kannst den Druckstock aufbewahren und ihn immer wieder verwenden.

Sets, Läufer, Decken, Kissenhüllen, Kopftücher, Wandbehänge, T-Shirts usw. bieten sich zum Bedrucken an.

Material:

1. ein Stück Nessel oder Gminder Leinen
2. Stoffarbe
3. Kork, Kartoffeln
4. kleines, scharfes Küchenmesser
5. ein Stück weichen Wollstoff (Filz) als Stempelkissen

Ausführung:

Nachdem du dich entschieden hast, was du bedrucken willst und wie du es bedrucken willst, schneidest du die Kartoffelstempel bzw. den Korken zurecht. Lege immer gutsaugendes Papier unter den Stoff, damit die Tischplatte nicht unnötig mit eingefärbt wird.

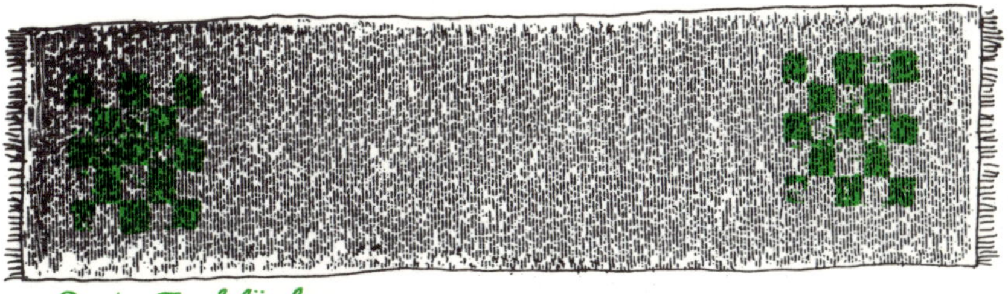

z. B. ein Tischläufer

Wenn du die verschiedenen Stempelkissen mit den Farben getränkt hast (vergiß nicht, sie auf eine Untertasse zu legen), beginnst du mit dem Drucken. Viel Glück.

z. B. ein Kopftuch

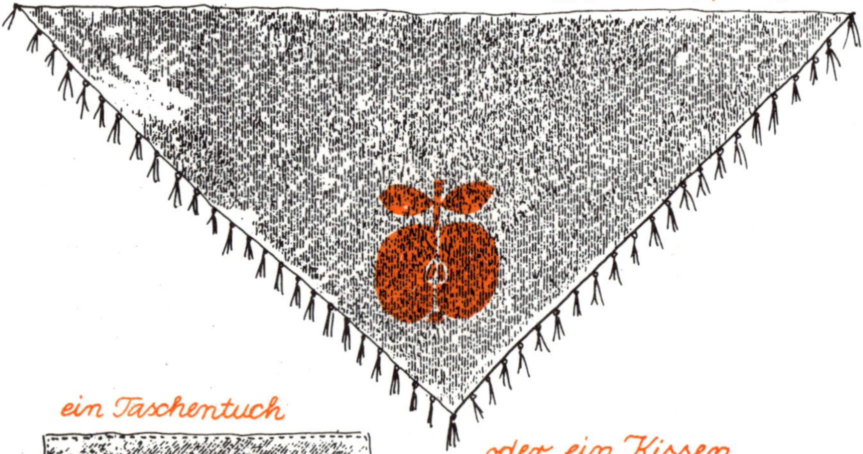

ein Taschentuch

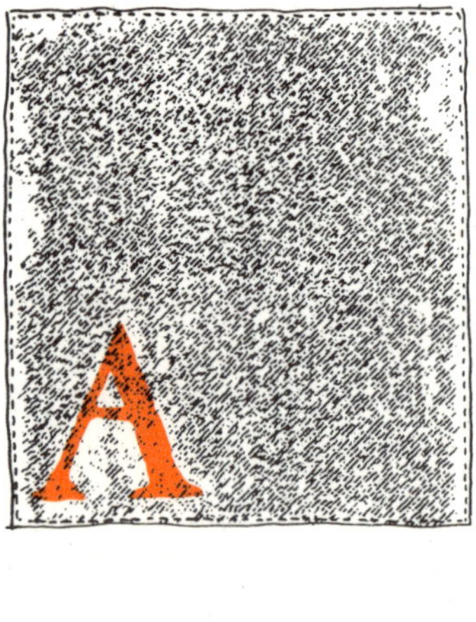

oder ein Kissen

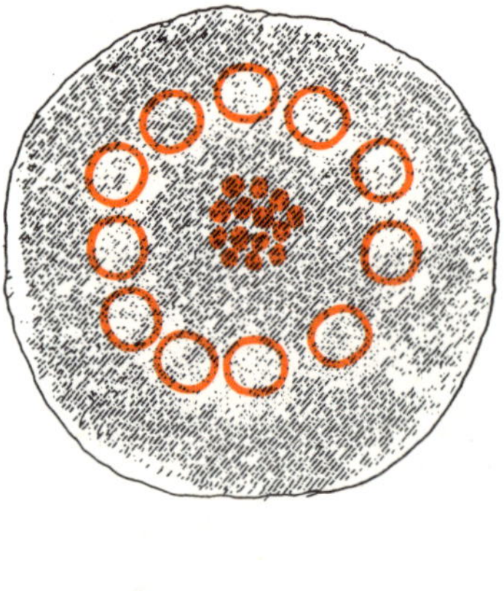

Linoldruck

Material:

1. Linoleumreste
2. einige Linolschnittmesser in verschiedenen Formen
3. eine Gummiwalze
4. Stoffarbe
5. eine alte Glasscheibe
6. Nessel oder Gminder Leinen
7. Backrolle oder Löffel

Ausführung:

Nachdem du dir über das Motiv, das du drucken möchtest, im klaren bist und den Stoff vorbereitet hast, zeichnest du dein Motiv auf die Linoleumplatte. Zuvor hast du auch entschieden, ob du eine Negativ- oder Positivdruckplatte anfertigen möchtest.

Am einfachsten ist die Negativdruckplatte. Hier wird das Motiv aus der Platte geschnitten. Bei der Positivdruckplatte ist es umgekehrt. Das Motiv bleibt, nur der Hintergrund wird weggeschnitten.

Nun beginnst du mit den verschiedenen Messern deine Druckplatte zu schneiden. Hebe tief genug aus, damit du einen sauberen Druck bekommst.

Die freie Hand aus der Schnittrichtung nehmen, damit du dich nicht verletzt, wenn das Messer ausrutscht.

Für große Flächen benutzt du ein u-förmiges Messer, für die Umrisse ein v-förmiges Messer.

Hast du deine Druckplatte fertig, rollst du die Farbe vorsichtig mit der Gummiwalze auf der Glasscheibe aus, bis die Walze gleichmäßig Farbe angenommen hat. Anschließend rollst du über deine Druckplatte bis sie überall mit Farbe bedeckt ist. Nur die Teile einfärben, die beim Schneiden stehenbleiben!

Du legst nun den Stoff auf die eingefärbte Druckplatte. Fest andrücken!

Jetzt rolle mit der Backrolle darüber, damit du einen gleichmäßigen Druck erhältst. Drücke nochmal einzelne Stellen mit dem Handballen gut nach. Du kannst auch mit einem Löffel nachreiben.

Dann hebst du den Stoff vorsichtig von der Druckplatte ab und legst ihn zum Trocknen.

Waschfestigkeit erreichst du, wenn du den Stoff auf der Rückseite bei mittlerer Temperatur häufig bügelst.

Beim ersten Waschen verwende lauwarmes Wasser mit wenig Waschpulver.

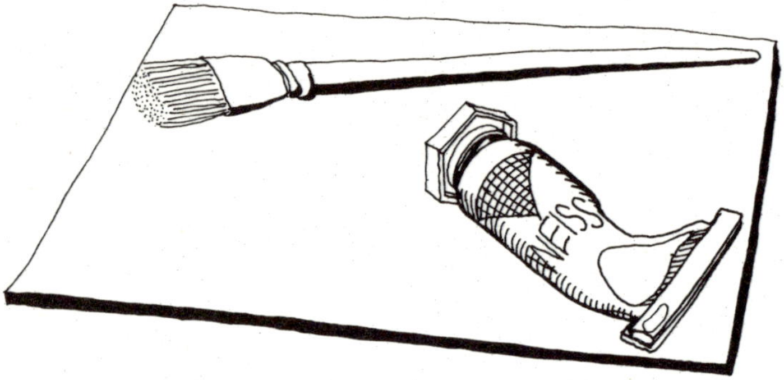

Möchtest du ein T-Shirt mit deinem Namen bedrucken, mußt du die Buchstaben spiegelbildlich auf Linoleum zeichnen.

Am einfachsten geht das so: du streichst deine Linoleumfläche mit Deckweiß ein und läßt sie gut trocknen.

Nun zeichnest du mit einem weichen Bleistift deinen Namen auf ein Stück Transparent-, Butterbrot- oder Durchschlagpapier. Nun wendest du das Blatt und legst die Bleistiftzeichnung auf die Linoleumfläche. Auf der Rückseite des durchsichtigen Papieres kannst du sicher noch gut deine Buchstaben sehen. Diese Buchstaben drückst du nun mit einem Kugelschreiber durch. Hebst du jetzt das Blatt ab, hast du die Bleistiftstriche auf das eingefärbte Linoleum übertragen.

Jetzt kannst du die Buchstaben mit deinen Schneidmessern freistellen.

Klebe den Schriftzug auf eine Tischplatte (mit Tesafilm) fest, damit der Name beim Drucken nicht verrutscht.

Nun färbst du die Buchstaben mit Stoffdruckfarbe ein und legst dein T-Shirt vorsichtig auf. Mit einer Backrolle rollst du nun gleichmäßig über dein T-Shirt.

Sehr gut hilft dir auch hier ein Löffel, mit dem du das T-Shirt auf deinen Linolschnitt aufreibst.

Batiktaschentuch

Batik ist eine Volkskunst aus ostasiatischen Ländern. Seit vielen Jahren ist sie auch bei uns eine beliebte Kunst geworden.

Viele modische Artikel eignen sich für das Batikverfahren, z. B. Wandbehänge, Vorhänge, Röcke, Blusen, Kleider, Schals, Kissen, Krawatten, Deckchen usw.

Als Stoffe eignen sich Seide, Batist, Nessel, Baumwollstoff und Leinen. Je dünner und leichter der Stoff ist, desto interessanter wird die Färbung.

Ich möchte dir nun die Anleitung für das Batiken eines kleinen Taschentuches aus Batist geben. Nach diesem Vorgang kannst du alle anderen Stoffteile färben.

Material:

1. ein Stück Batist
2. Batikfarben
3. farblose Wachsreste und stabiler Pinsel
4. alter Topf
5. saugfähiges Papier

Ausführung:

Bevor du mit dem Batiken beginnst, überbrühst du deinen Stoff, damit die Appretur ausgewaschen wird. Nachdem du nun deinen Stoff getrocknet und gebügelt hast, spannst du ihn auf einen vorher angefertigten Holzrahmen (s. Abb.).

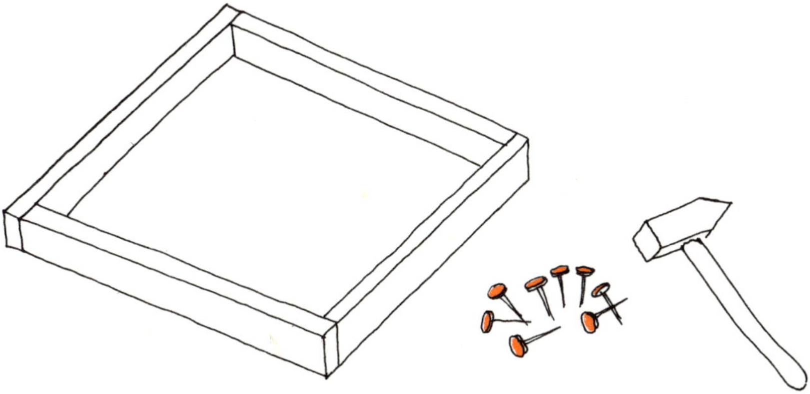

In der Zwischenzeit hast du deine farblosen Wachsreste in einem alten Topf oder einer leeren Konservendose auf dem Herd geschmolzen. Nun streichst du mit dem Pinsel die von dir mit einem Bleistift vorgezeichneten Farbabstufungen mit Wachs ein.

Richte dich hierbei nach folgender Reihenfolge, z. B. soll die Grundfarbe weiß sein und du möchtest dazu ein Gelb und ein Braun haben, deckst du zuerst alles mit Wachs ab, was weiß bleiben soll. Wenn das Wachs getrocknet ist, bearbeitest du den Stoff, daß kleine Risse in der Wachszeichnung entstehen. So erreichst du die bekannte Batik-Farbzeichnung. Nun gibst du den Stoff in das gelbe Farbbad, das du vorher nach der Gebrauchsanleitung in einem alten Topf angesetzt hast. Die Farbstärke richtet sich nach

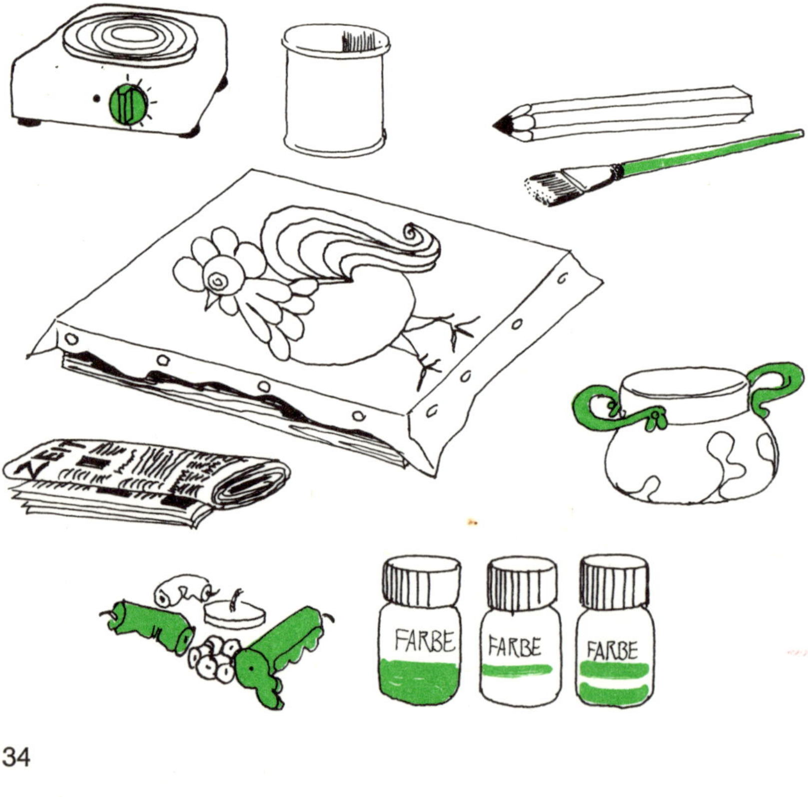

der Dauer des Bades. Achte darauf, daß du immer mit dem hellsten Farbton beginnst. Nun spülst du den Stoff im klaren Wasser gut aus und läßt ihn trocknen. Jetzt deckst du alles mit Wachs ab, was gelb bleiben soll, und tauchst ihn in die braune Farblösung. Möchtest du noch eine andere Farbe dazu haben, so mußt du nur noch die braungefärbte Farbfläche abdecken.

Denke daran, daß alle hellen Farben lasierend sind, d. h. blau auf gelb ergibt grün, rot auf gelb ergibt orange usw.

Vergiß auch bitte nicht, nach jedem Farbbad den Stoff gut im klaren Wasser zu spülen und anschließend zu trocknen.

Den fertig gefärbten trockenen Stoff bügelst du nun zwischen saugfähigem Papier, bis das Wachs herausgeschmolzen ist.
Dann kannst du aus deinem gebatikten Stoff wertvolle Taschentücher zuschneiden und säubern.

Bei der auch bekannten Binde- und Knüpftechnik werden Teile des Stoffes mit einem Band fest umbunden oder geknotet (s. Abb.). An diesen Stellen kann dann die Farbe nicht durchdringen.

Häschenhaube

Ein besonderer Gag ist diese Häschenhaube. Du kannst sie beim Empfang deiner Partygäste verteilen.

Es wird dann sicherlich eine richtige, lustige Häschenparty werden.

Material:

1. farbiges Papier

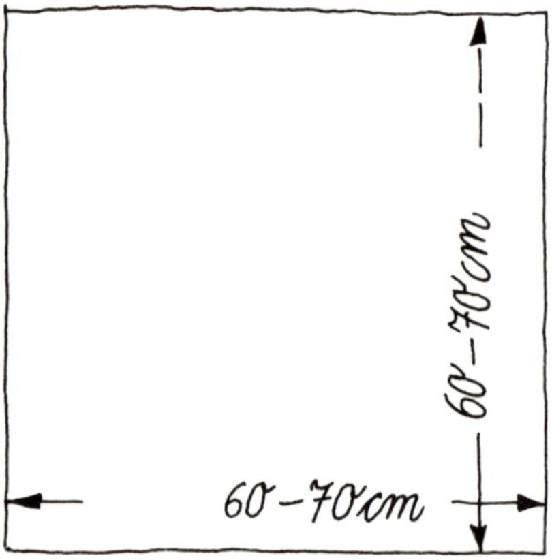

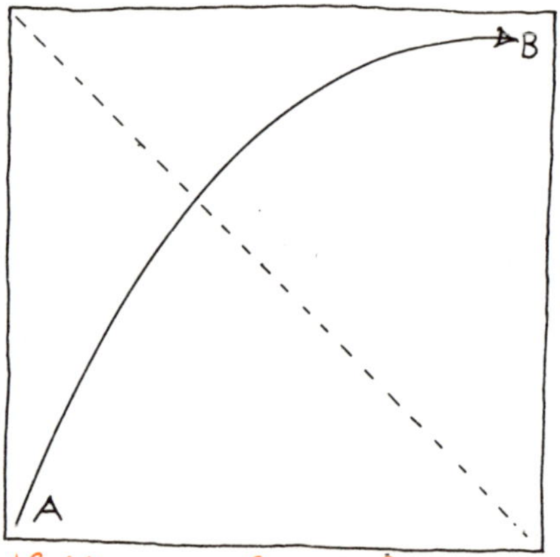

Spitze A auf B falten

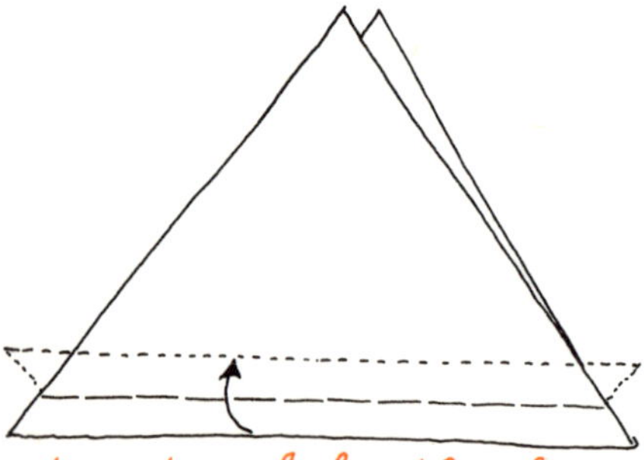

einen 4cm hohen Streifen umlegen

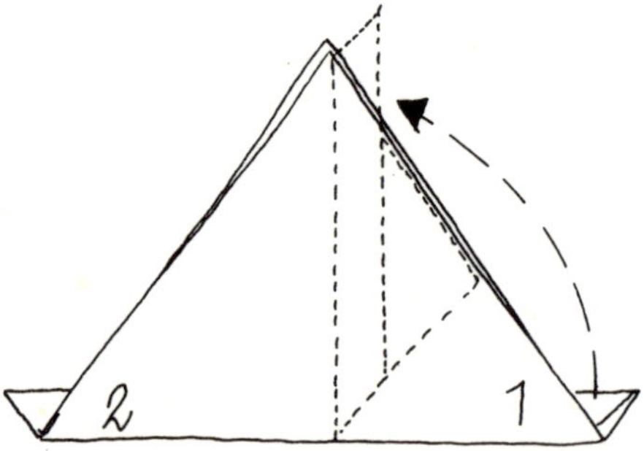

umdrehen und den Zipfel 1 nach oben falten, ebenso 2

Ausführung:

Du schneidest dir nach der Abbildung ein quadratisches Papier und faltest daraus nach angegebener Reihenfolge deine Häschenhaube.

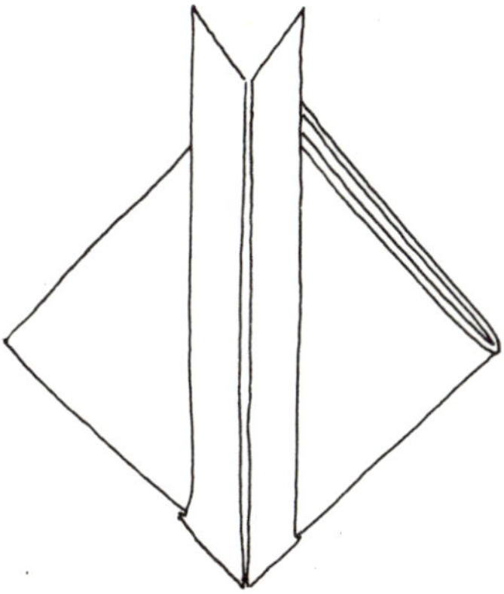

jetzt sieht sie so aus

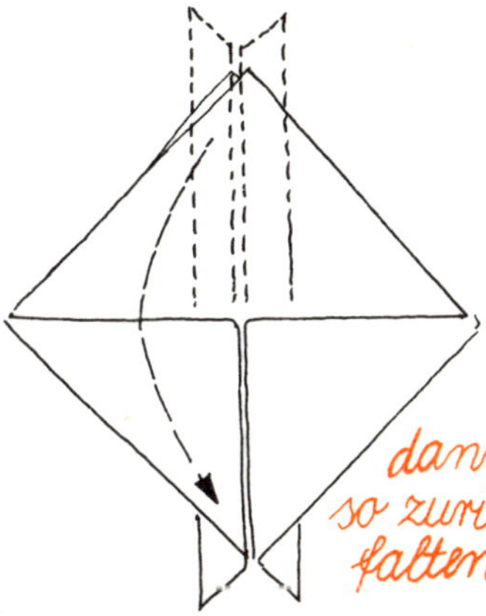

dann so zurück=
falten

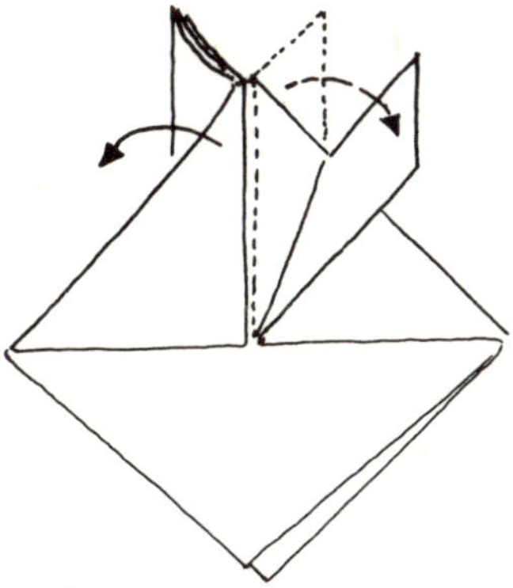

beide Ohren zur Seite
falten

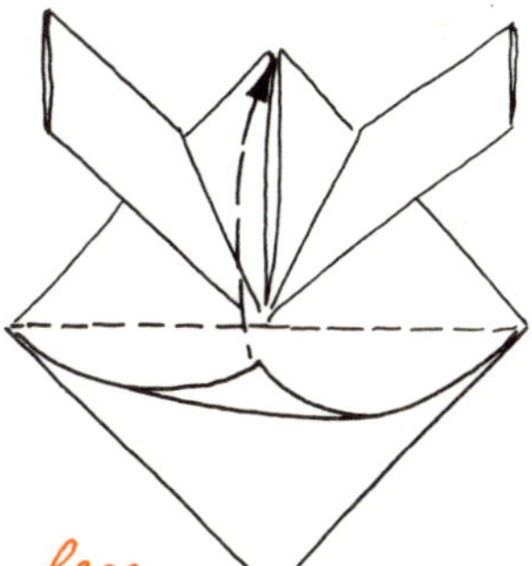

lege
den Zipfel nach
oben, drehe die

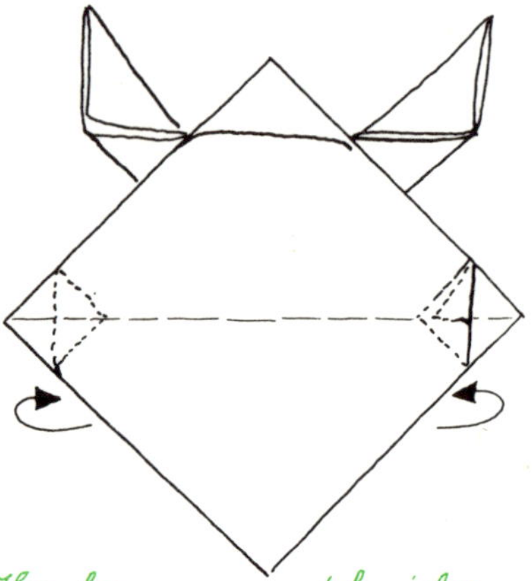

Haube um und knicke
beide Spitzen nach innen,

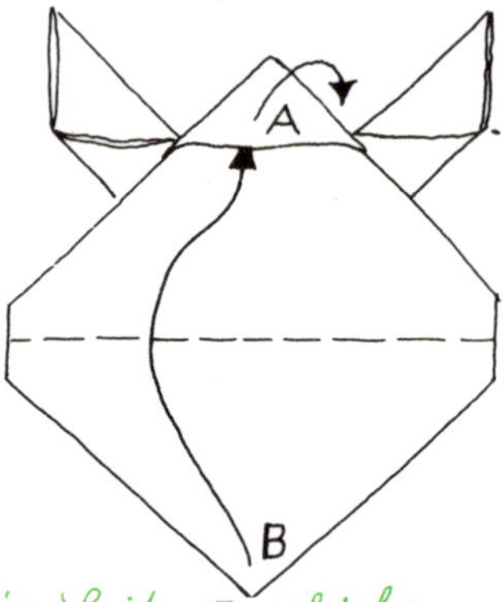

die Spitze B schiebe
unter A und lege dann
die Spitze nach hinten um.
Das andere Dreieck
schiebe von hinten
auch in die Spitze A.

Tütenmaske

Eine Tütenmaske kann auch ein kleines Kunstwerk sein. Deiner Phantasie sind beim Ausarbeiten keine Grenzen gesetzt.

Bei deinem Kaufmann kaufst du dir Tüten in verschiedenen Formen und Größen.

Material:

1. große, spitze oder eckige Packpapiertüten
2. Luftschlangen, Wollreste, Holzwolle
3. selbstklebendes Buntpapier
4. Kleber

Ausführung:

Du setzt dir eine Papiertüte auf den Kopf, fühlst mit den Fingern, wo deine Augen, deine Nase und dein Mund sind, und zeichnest mit einem Bleistift diese Stellen an.

Dann nimmst du die Tüte vom Kopf und schneidest oder reißt die vorher aufgezeichneten Teile aus.

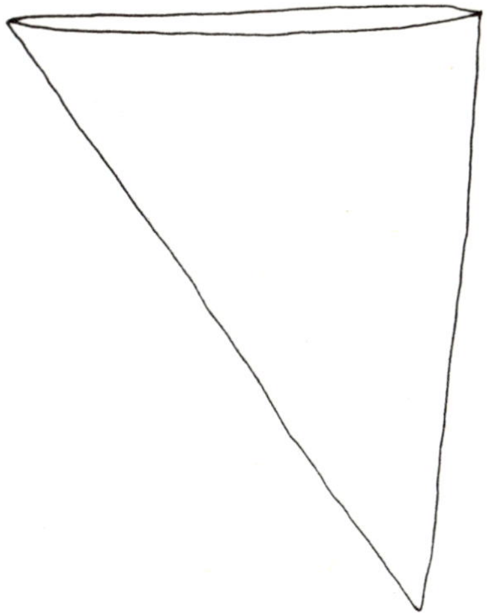

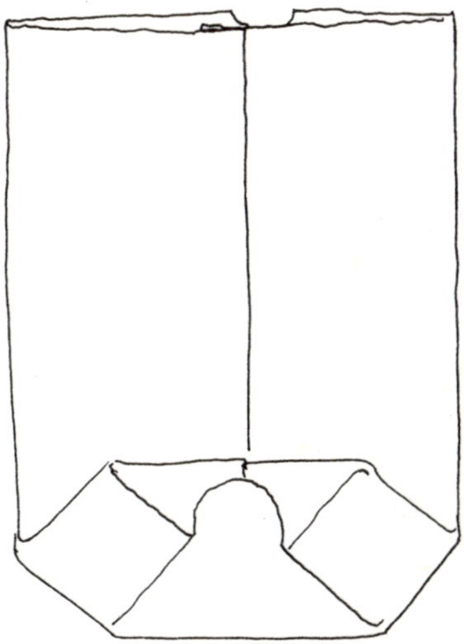

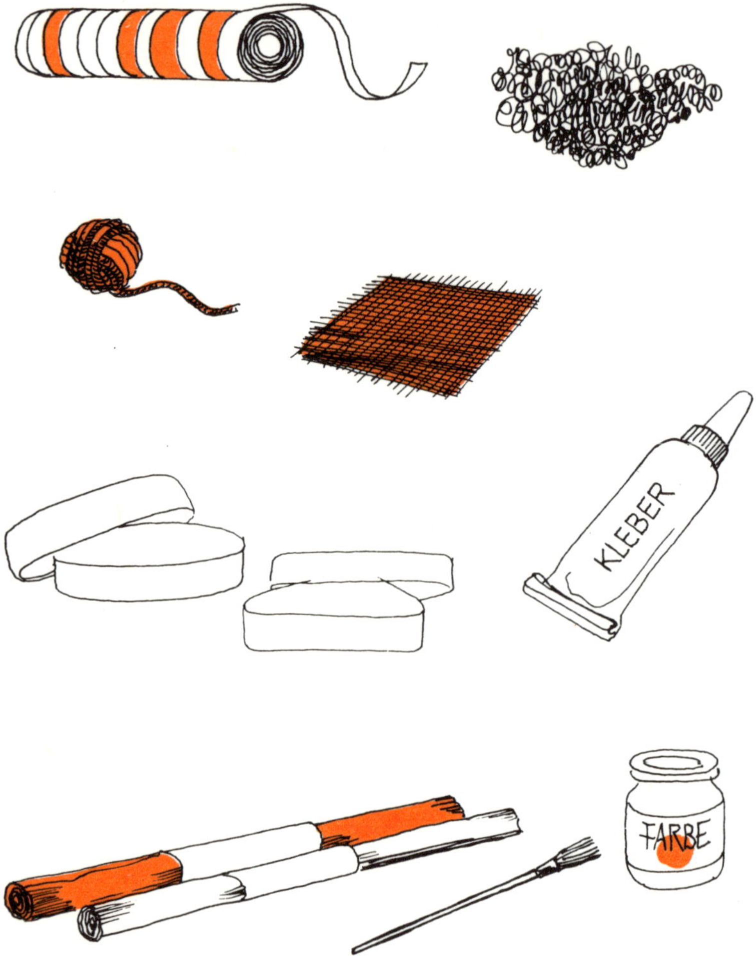

Jetzt beginnst du mit dem Ausschmücken, wobei du unerschöpfliche Möglichkeiten hast.

Hier gebe ich dir einige Anregungen:
Mit bunten Wollfäden kannst du dichte Augenbrauen und einen Bart aufkleben. Die Lippen mit roten Wollfäden bekleben, und die Backen mit lustigen Motiven, auch aus Wollfäden gelegt, ankleben.

Als Haare kannst du auch wieder lange Wollfäden oder auch Holzwolle zu einer richtigen Löwenmähne arbeiten. Geflochtene Zöpfe aus Wolle oder auch aus Hanf sind eine gute Idee.

Experimentieren kannst du auch mit gerissenem selbstklebenden Buntpapier. Die Haare ersetzt du durch bunte Luftschlangen.

Ich wünsche dir noch viele weitere lustige Einfälle.

so kannst du einen Bart schneiden

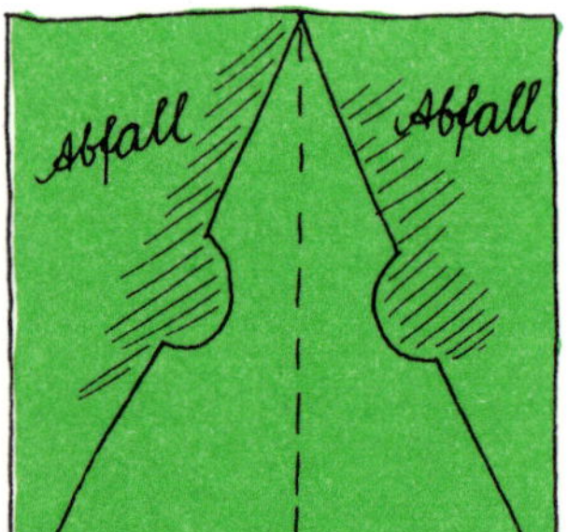

so schneidest du eine große Nase

Chinesenhut

Auf einem Kinderfest oder auch als Sonnenhut kannst du diesen Chinesenhut tragen. Er ist ganz einfach zu arbeiten.

Material:

1. Plakatkarton
2. Kleber
3. Kordelband

Ausführung:

Du borgst dir von deiner Mutter eine Tortenplatte und ziehst auf Plakatkarton, den du dir in einem Schreibwarengeschäft gekauft hast, den Rand nach.

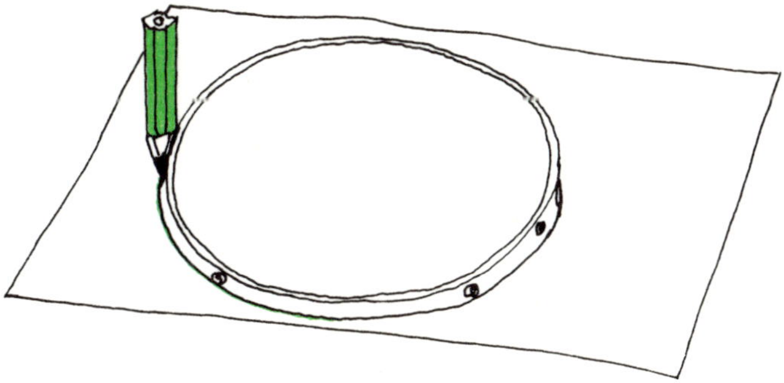

Dann schneidest du den Kreis aus, machst einen Einschnitt bis zur Mitte und klebst die Kanten etwas übereinander, so daß ein stumpfer Kegel entsteht.

Jetzt stichst du mit einer etwas dickeren Nadel zwei gegenüberliegende Löcher ein, durch die du das Kordelband ziehst. Knote

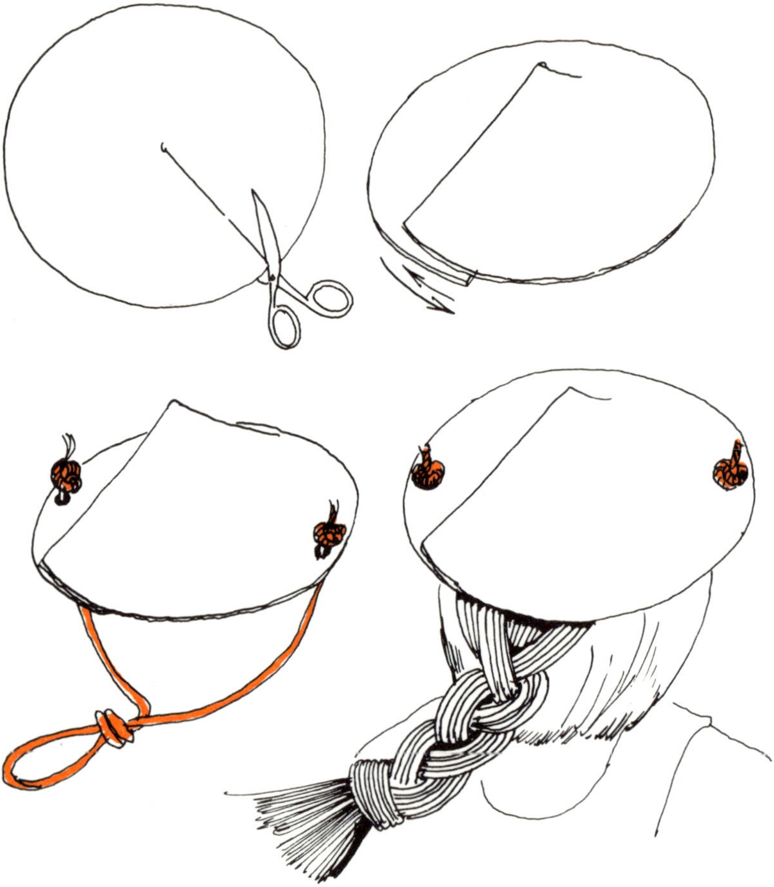

oben auf dem Hut einen dicken, festen Knoten, damit das Band nicht durchrutschen kann.

Wenn du noch einen Zopf, geflochten aus Wolle, von innen anklebst, hast du schon ein halbes Chinesenkostüm zum Faschingsfest fertig.

Papiertroddel

Immer wieder gibt es viele Gelegenheiten, wo du bauschige Papiertroddeln anbringen mußt, besonders in der Karnevalszeit zum Ausschmücken der Hüte oder der Kostüme.

Hier zeige ich dir, wie du so eine bauschige Troddel schnell und einfach arbeiten kannst.

Material:

1. weiße oder auch farbige Papiertaschentücher
2. einen festen Faden

Ausführung:

Du nimmst ein Papiertaschentuch, faltest es auseinander und schneidest es in der Mitte (s. Abb.) durch.

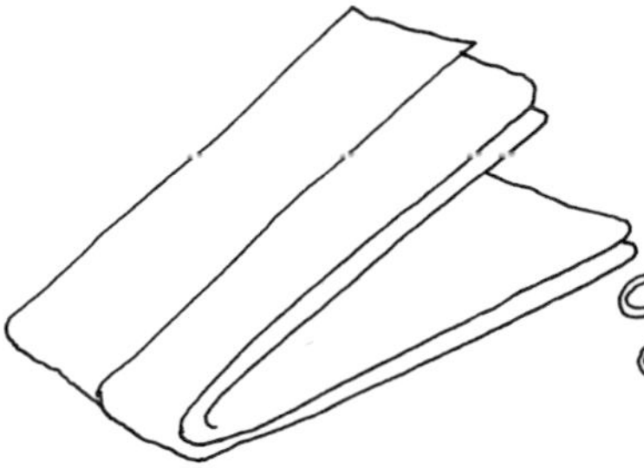

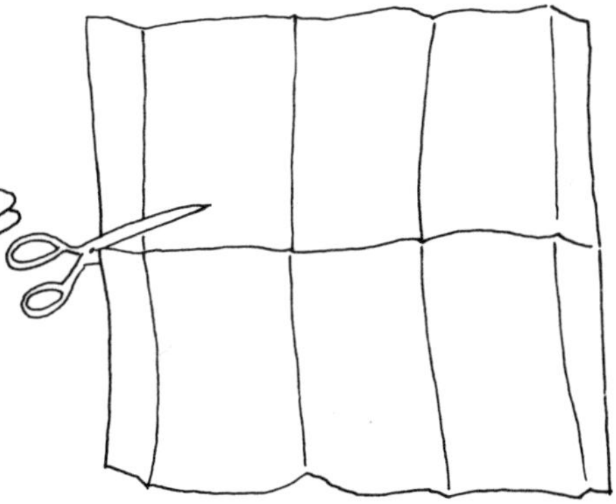

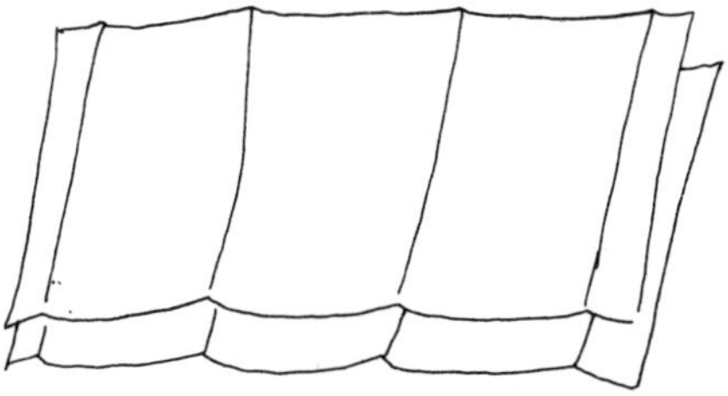

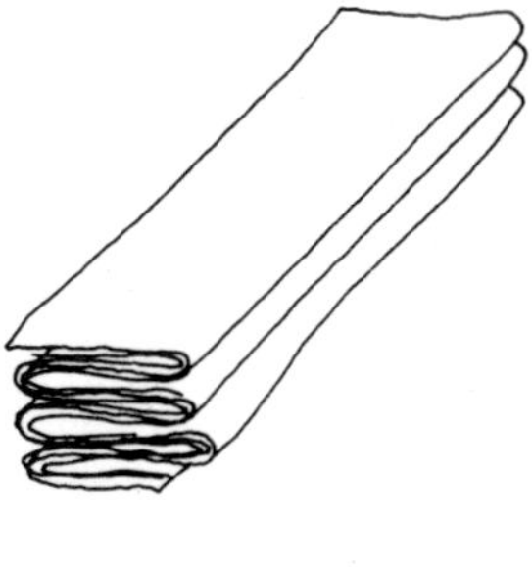

Nun legst du beide Teile aufeinander und faltest sie im Zickzack-Falz zusammen. Mit einem Faden bindest du das gefaltete Tuch in der Mitte fest zusammen.

Danach ziehst du die einzelnen dünnen Papiertücher vorsichtig auseinander, so daß ein dicker Bausch entsteht.

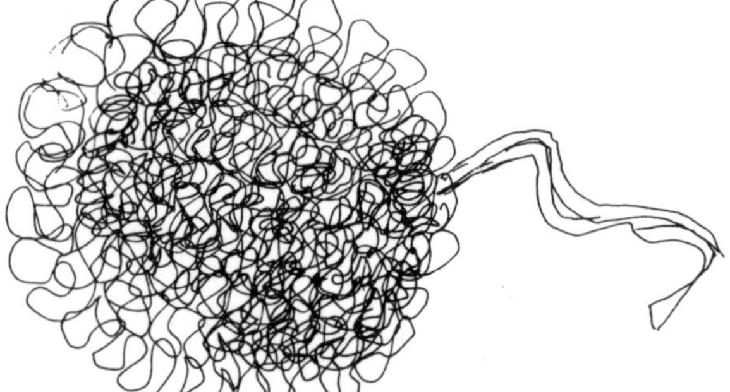

Tischfiguren

Lustige Tischfiguren für deinen Geburtstag oder für deine Karnevalsparty als Platzanweiser, versetzen dich schon beim Herstellen in Festtagsstimmung.

Material:

1. leere Toilettenrollenhülsen
2. Stoffreste
3. Styroporkugel, ϕ ca. 5 cm
4. Wolle, Spitze, Borde, Fellreste, Perlen
5. Bierdeckel oder ein Stück Pappe, Buntpapier
6. Kleber, Wasserfarbe, Filzstifte
7. Süßigkeiten

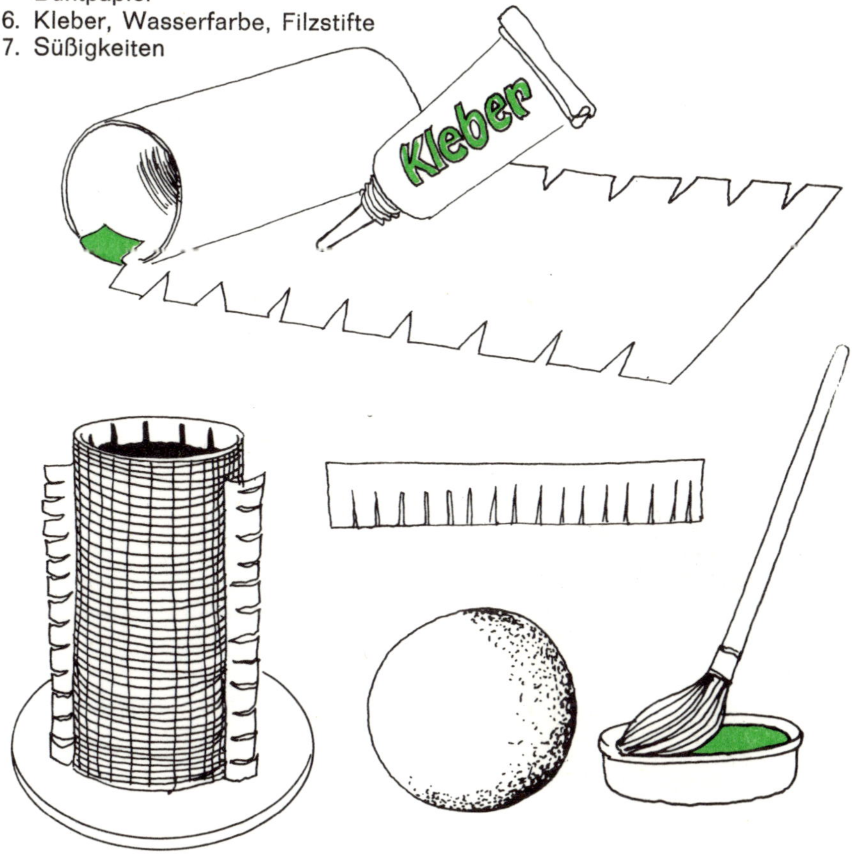

Ausführung:

Du kannst viele Motive basteln, z. B.: Hase, Kasper, Zwerg, Clown, Zigeuner, Zauberer, Köchin, Koch, Oma, Opa usw.

Du beklebst eine leere Toilettenrollenhülse mit einem Stoff, der zur Figur paßt. Für einen Indianer kannst du z. B. ein Stück von einem alten Sack nehmen. Die Styroporkugel tönst du mit Wasserfarbe etwas bräunlich, bevor du das Gesicht mit dem Filzstift aufmalst.

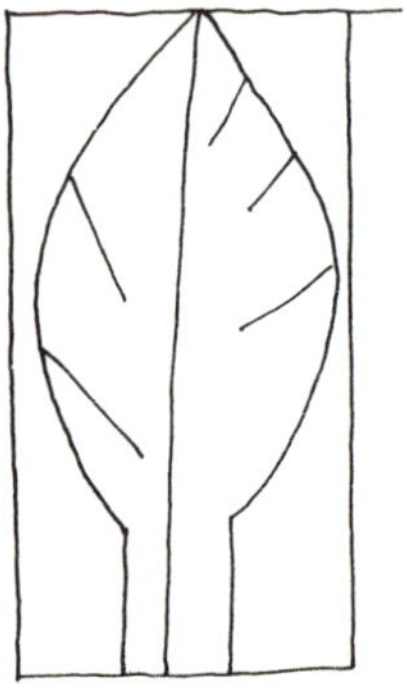

Dann klebst du schwarze Wollfäden als Haare auf, die du auch als Zöpfe flechten kannst. Eine lustige Borde mit einer kleinen Feder schmückt den Kopf. Eine Fransenlitze kannst du evtl. noch am Körper ankleben.

Den Boden schließt du mit einem vorher mit Buntpapier beklebten Bierdeckel oder einem Stück Pappe.

Die Ausschmückung der Figuren im Detail überlasse ich dir.

Ein besonderer Gag ist, wenn du die Tischfiguren mit lustigen oder süßen Sachen füllst.

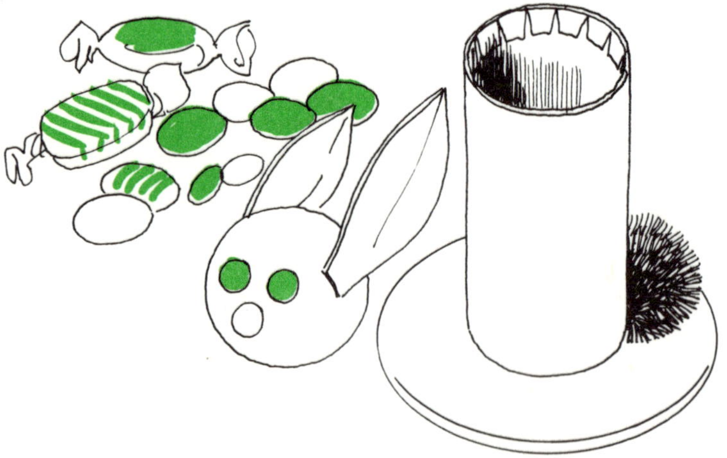

Schwalben

„Eine Schwalbe macht noch keinen Sommer." Aber mit diesen Schwalben kannst du dir den Frühling als Vorbote ins Haus holen.

Material:

1. schwarzen, weißen und roten Hobelspan, ca. 1 cm breit
2. Kleber
3. kleiner Zweig, mehrästig
4. Zwirnsfaden

Ausführung:

Zunächst schneidest du nach den angegebenen Maßen folgende Streifen.

schwarz: Körper einschl. Flügel, 23 cm lang
schwarz: Kopf, 8 cm lang
schwarz: Brust außen, 13 cm lang
weiß: Kopf mit Brust, 11 cm lang
rot: Füße, 4 cm lang
rot: Schnabel, 2 cm lang

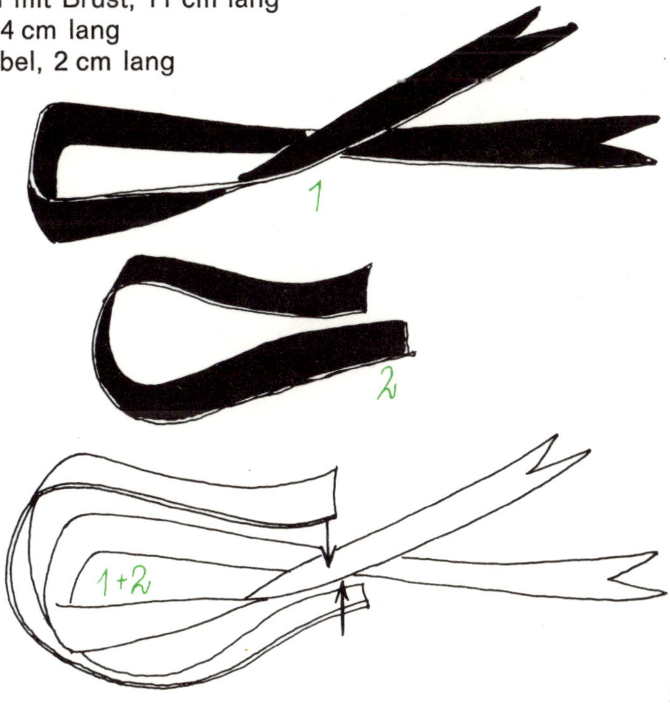

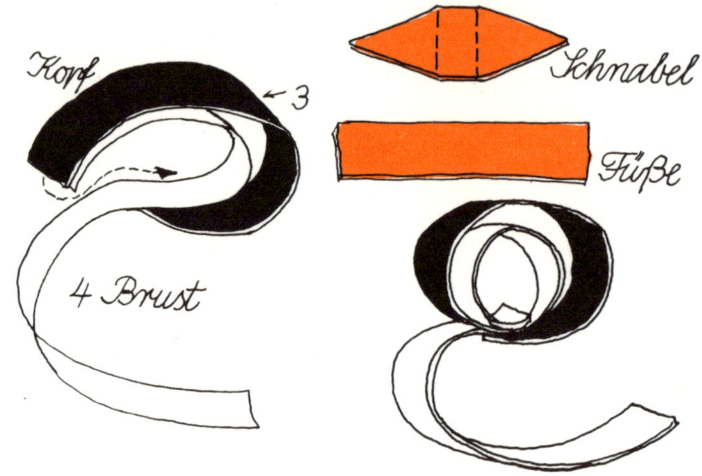
Kopf
3
Schnabel
Füße
4 Brust

Nun klebst du in der Reihenfolge der Zeichnungen die Schwalbe zusammen. Dies kannst du so oft wiederholen, wie du Schwalben haben möchtest.

Dann nimmst du einen schönen Zweig und klebst deine Schwalben dekorativ auf.

Mit einem Faden, den du an beiden Enden des Zweiges befestigst, kannst du deinen Vogelzoo vor ein Fenster oder unter die Zimmerdecke hängen. Viel Spaß!

Osterzweig

Dieser dekorative Osterzweig ist ein Farbtupfer in einem großen Fenster oder in der Diele.

Du kannst verschieden gestaltete Ostereier daran hängen.

Material:

1. ausgeblasene Eier
2. Plakafarbe, Filzstifte, Wolle, Borden, Klarlack
3. Streichhölzer, Zwirn
4. Kleber
5. ein mehrästiger Zweig

Ausführung:

Zuerst schneidest du dir einen mehrästigen Zweig aus eurem Garten oder du besorgst dir einen in einer Gärtnerei.

Das Ausblasen der Eier ist ganz einfach. An beiden Enden werden die Eier mit einem dünnen Nagel durchstoßen. Nun bläst du mit dem Mund kräftig in eine Öffnung. Hierdurch wird der Inhalt des Eies zur anderen Öffnung hinausgepreßt. Dann reinigst du die Eier und läßt sie trocknen. Danach kannst du mit dem Ausschmükken beginnen.

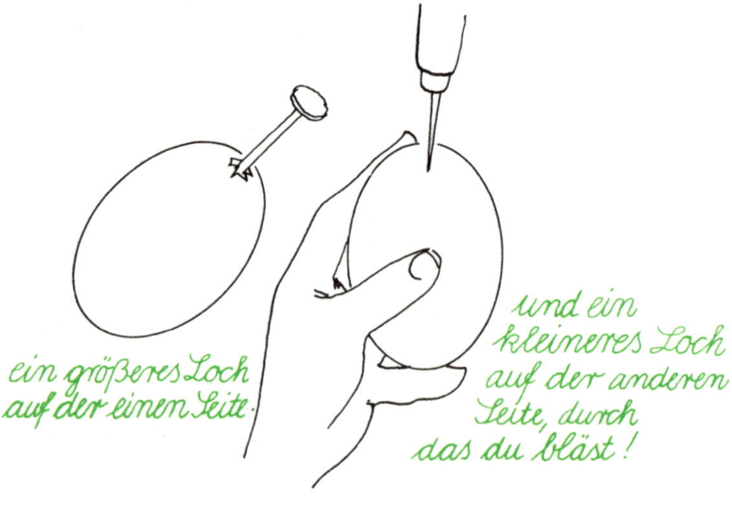

Hier siehst du einige Beispiele, wie du die ausgeblasenen Eier dekorativ gestalten kannst.

Mit Plakafarbe bemalst du die Eier hübsch. Wenn die Farbe trokken ist, bestreichst du sie mit Klarlack, damit sie schön glänzen.

Mit Filzstiften (wasserlöslich) kannst du auch hübsche Muster aufmalen. Um das Ei besser bearbeiten zu können, stellst du es in einen Eierbecher.

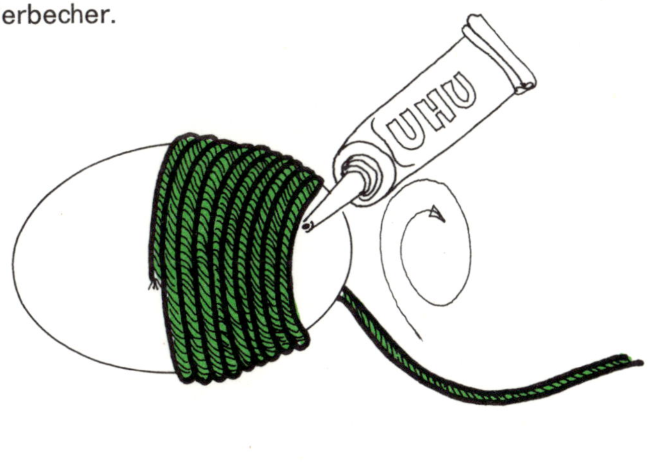

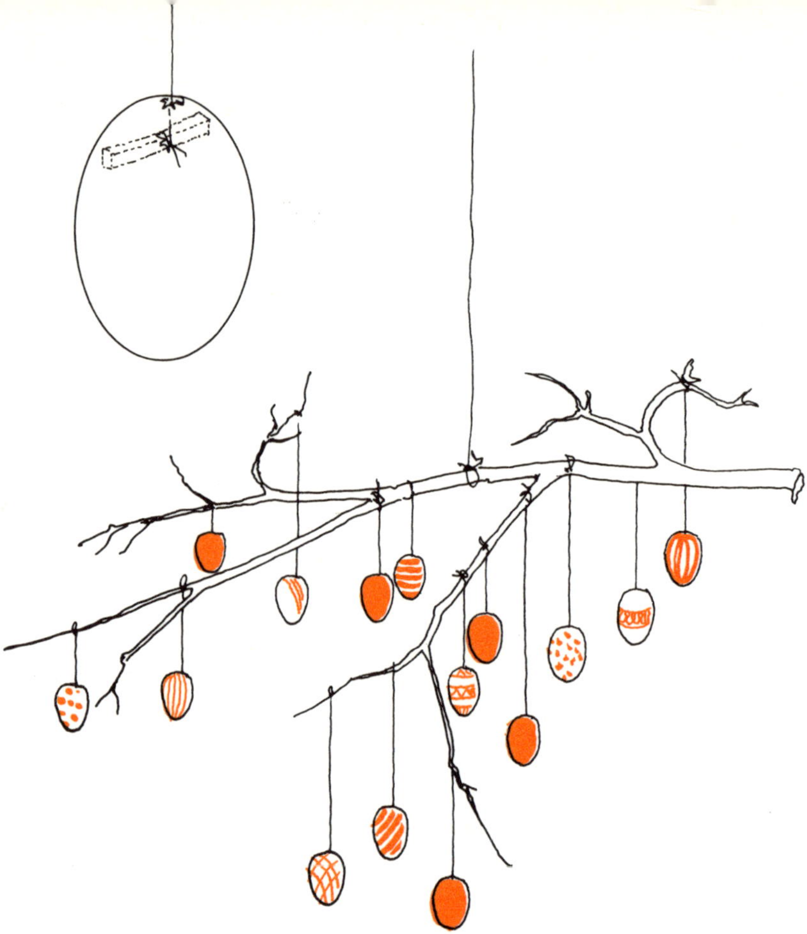

Hübsch sehen die Eier aus, wenn du sie mit bunten Wollfäden beklebst. Hierbei mußt du mit dem Bewickeln immer von der Mitte aus anfangen. Achte bitte darauf, daß die Fäden eng aneinander liegen.

Mit bunten Borden oder Zackenlitzen kannst du auch die Eier verzieren. Lustig bedrucken kannst du sie mit einem Kartoffelstempel.

Zum Schluß brichst du ein Streichholz durch und knotest in der Mitte einen Faden an. Jetzt schiebst du das Streichholz durch die Öffnung der breiten Rundung des Eies, und es wird sich sofort querstellen.

Nun kannst du mit der Dekoration des Zweiges beginnen. Achte darauf, daß der dekorierte Zweig gut ausbalanciert ist.

Osterhenne aus Bastzopf

Wenn diese Osterhenne am Ostermorgen, mit bunten Eiern gefüllt, auf dem Kaffeetisch steht, wird sie eine große Freude für die ganze Familie sein.

Material:

1. ca. 12 m Raffia-Bastzopf natur, 1 cm breit
2. Nadel und fester weißer Zwirn
3. ein Stück roter und schwarzer Filz

Ausführung:

Du legst einen ca. 8 cm langen Bastzopf um und beginnst von hier aus mit einem starken Faden (am besten Sternchenzwirn) den Boden zu nähen (s. Abb.).

Wenn der lange Durchmesser ca. 20 cm erreicht hat, beginnst du den Bastzopf hochkant anzunähen bis zu einer Höhe von ca. 7 cm.

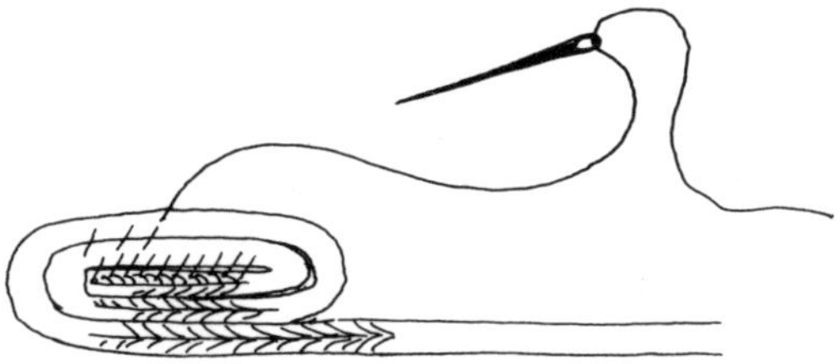

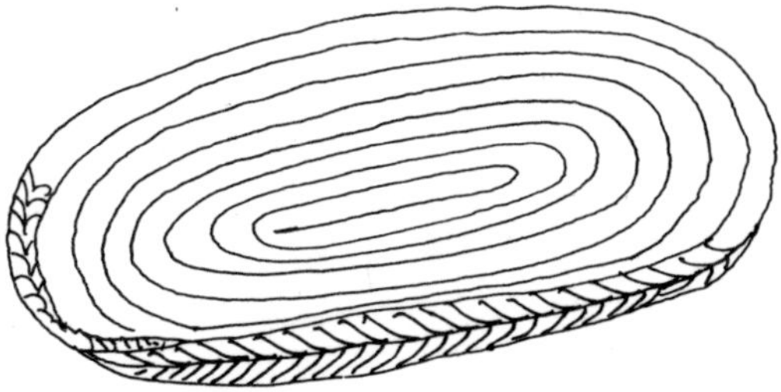

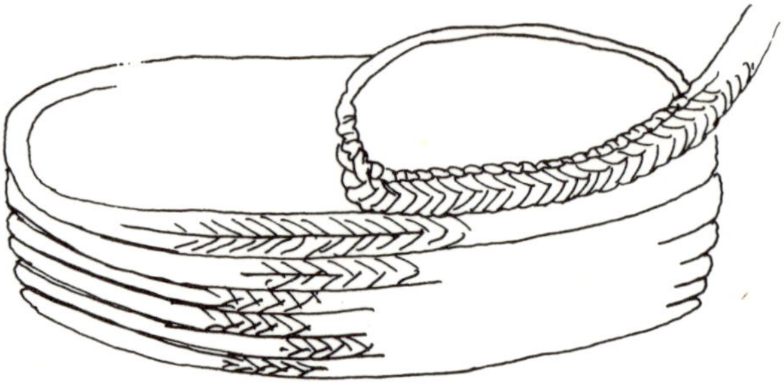

Für den Hals- und Kopfansatz ziehst du den Bastzopf kurz vor der Hälfte des fertigen Körbchens zur anderen Seite (s. Abb.) und beginnst nun den Kopf kegelförmig zu arbeiten. Achte bitte darauf, daß es eine schöne Form wird.

Schnabel

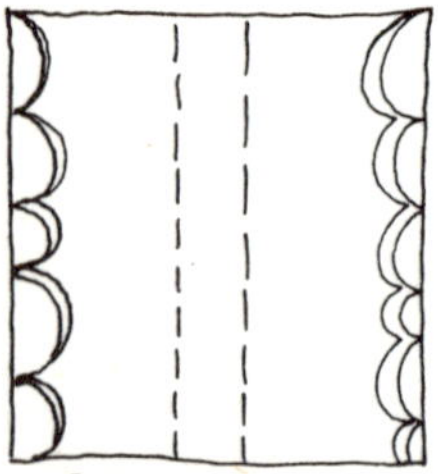

Kamm
ca. 10×10 cm

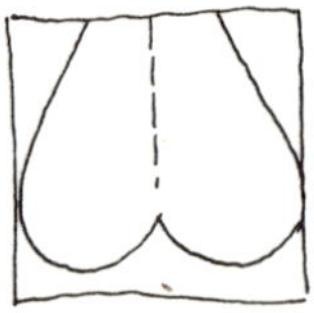

Lappen
4×4 cm

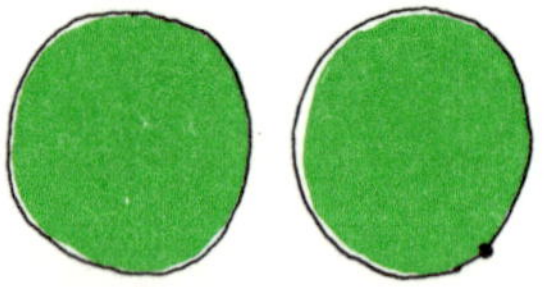

Augen
(Originalgröße)

Aus rotem Filz klebst du dann einen Hahnenkamm auf und einen Lappen unter den Schnabel, den du vorher aus einem 8 cm langen Bastzopf gefaltet (s. Abb.), angenäht oder geklebt hast.

Die Augen schneidest du aus schwarzem Filz und klebst sie auch auf.

Osterkorb

Für deine kleineren Geschwister ist dieses Osterkörbchen besonders zum Eiersuchen im Garten oder bei einem Osterspaziergang geeignet.

Material:

1. farbiger Karton
2. Heftklammern

Ausführung:

Auch hier zeichnest du zuerst wieder das Modell nach der Zeichnung auf.

Dann schneidest du es aus und heftest es seitlich mit dem Bügel zusammen. Nun noch etwas grüne Holzwolle hinein, damit die Eier schön weich liegen.

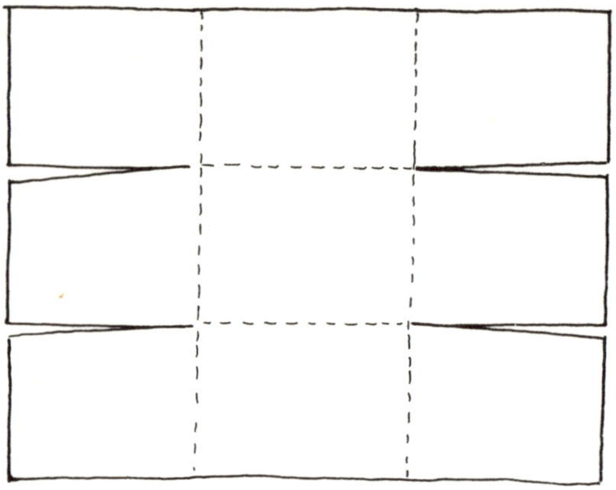

Pappe
ca. 21 cm hoch
24 cm breit

Bügel, 25 mm breit und ca. 25 cm lang

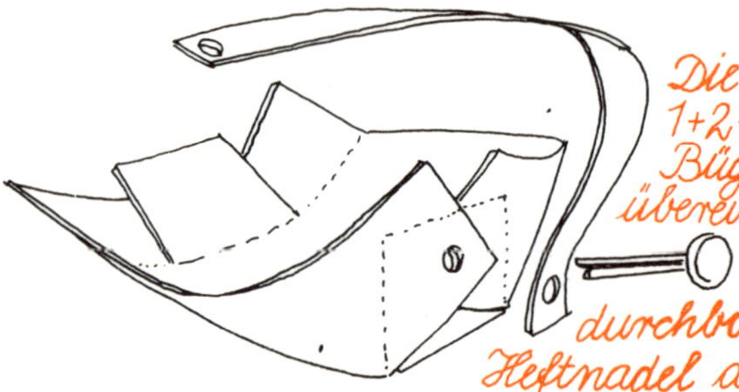

Die Seitenteile 1+2+3 und den Bügel übereinander legen, durchbohren, eine Heftnadel durchstecken und innen umbiegen!

Osterhenne aus Papier

Mit dieser Osterhenne kannst du, gut gefüllt, deine Geschwister oder deine Freundinnen überraschen.

Material:

1. eine mittelgroße, runde Käseschachtel
2. farbiger Karton, Größe Din A 3
3. Plakafarbe
4. Kleber

Ausführung:

Sieh dir die Zeichnung genau an. Der ausgeschnittene Streifen mit dem Hennenkopf wird an den Deckelrand der Käseschachtel geklebt.

Dann schneidest du ein paar andersfarbige Papierstreifen ca. 1 cm breit, ziehst diese über die Tischkante oder rollst sie auf einen Bleistift. Nun hast du schön gelockte Schwanzfedern.

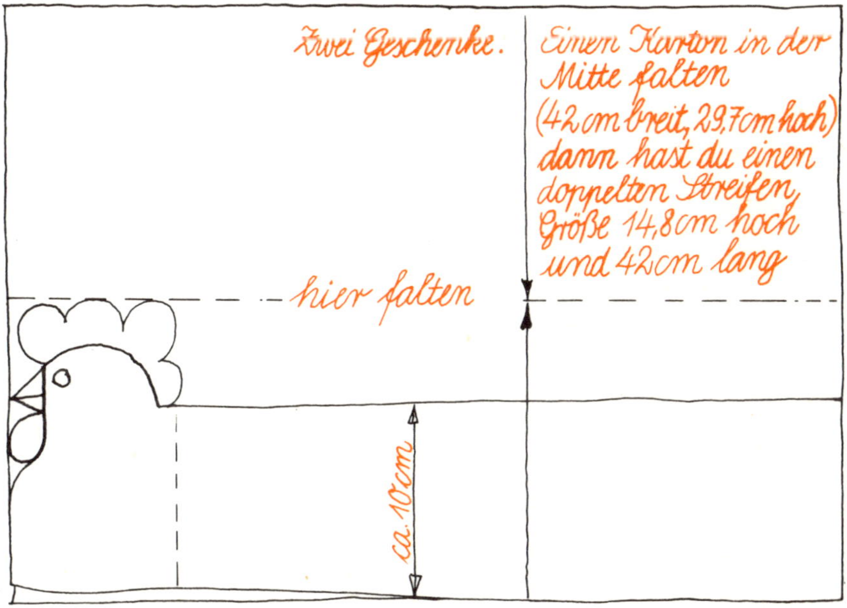

Diese klebst du hinten, von unten nach oben, als Schwanz an die Osterhenne.

Den Hennenkopf bemalst du (s. Abb.) mit Plakafarbe.

Jetzt fehlen nur noch die süßen Sachen.

Osternest

Auch dies ist ein schönes Osternest, schnell und ohne große Kosten herzustellen.

Material:

1. farbiger Karton
2. Heftklammern

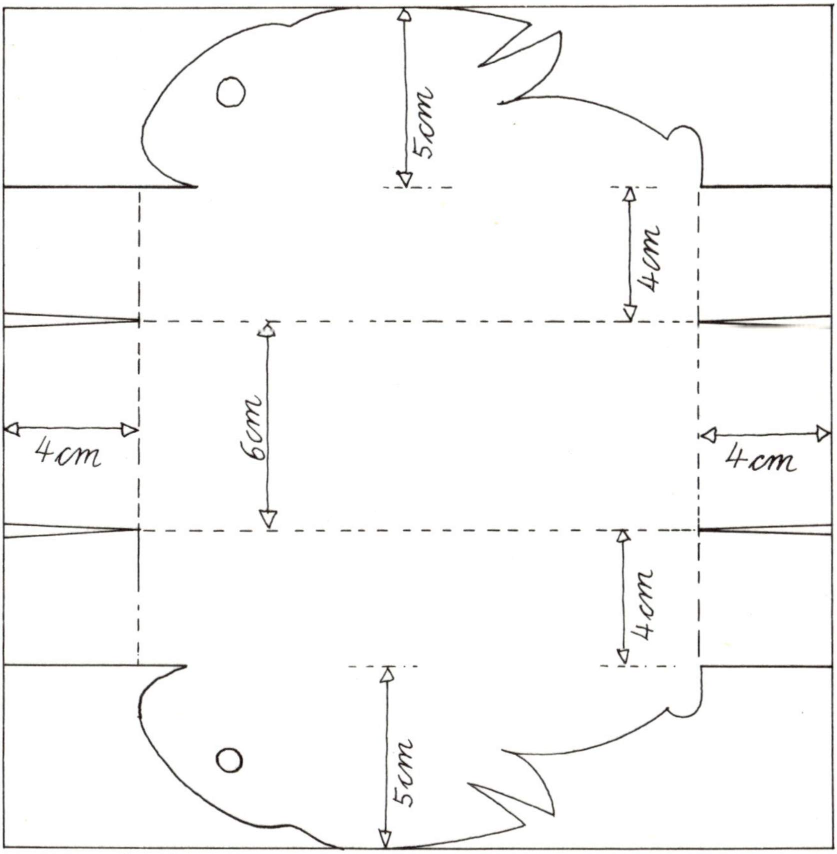

Kartonmaß: 24cm x 24cm

Ausführung:

Du zeichnest zuerst auf den Karton das Muster nach der Abbildung auf.

Dann schneidest du es aus, heftest es an beiden Enden zusammen, legst grüne Holzwolle hinein und fertig ist auch dieses Osternest.

Ostertischschmuck

Dieses kleine Küken trägt dazu bei, den Osterkaffeetisch bunt und lustig zu schmücken.

Material:

1. ein ausgeblasenes Ei
2. ein Stück festes, rotes Papier
3. ein Stück weißes Papier
4. Kleber

Ausführung:

Du schneidest nach den Zeichnungen Kamm, Schnabel, Augen und die Füße aus rotem Papier. Die Flügel aus weißem Papier, die du bis zur Hälfte einschneidest.

Dann klebst du den Kamm und die Augen auf. Den Schnabel faltest du in der Mitte und klebst ihn auf das Loch an der Spitze des Eies.

Seitlich bringst du die Flügel an.

Mit etwas Kleber setzt du das Küken auf die Füße.

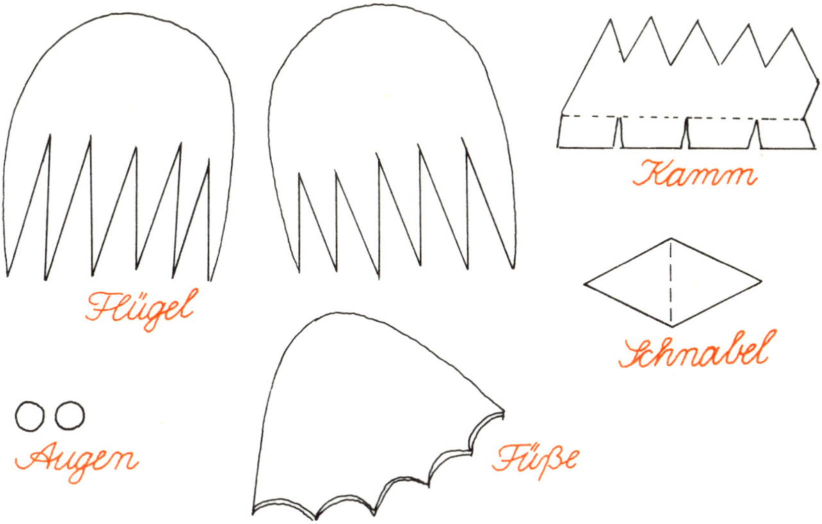

Nach der gleichen Anleitung kannst du auch eine Henne und einen Hahn arbeiten. Du schneidest den Kamm etwas größer, statt der Flügel klebst du hinten schmale bunte Papierstreifen als Schwanz an, die du vorher über eine Tischkante gezogen hast.

Den unteren Streifen am Kamm einschneiden – so hält der Kamm besser!

Eierwärmer

Ein Ostertisch kann nie bunt genug sein.

Diese Eierwärmer tragen dazu bei. Sie sind schnell zugeschnitten und zusammengeklebt.

Material:

1. rote, weiße und andersfarbige Filzplatten
2. Kleber

Ausführung:

Schneide dir von den abgebildeten Teilen Papiermuster, hefte sie mit Nadeln auf Filz und schneide sie aus.

Nähe mit einem Steppstich knappkantig den runden Körper zu und wende ihn um. Nun klebst du den weißen Hals mit Kopf auf, wobei der Rücken auf die Naht gesetzt wird. Dann klebst du den

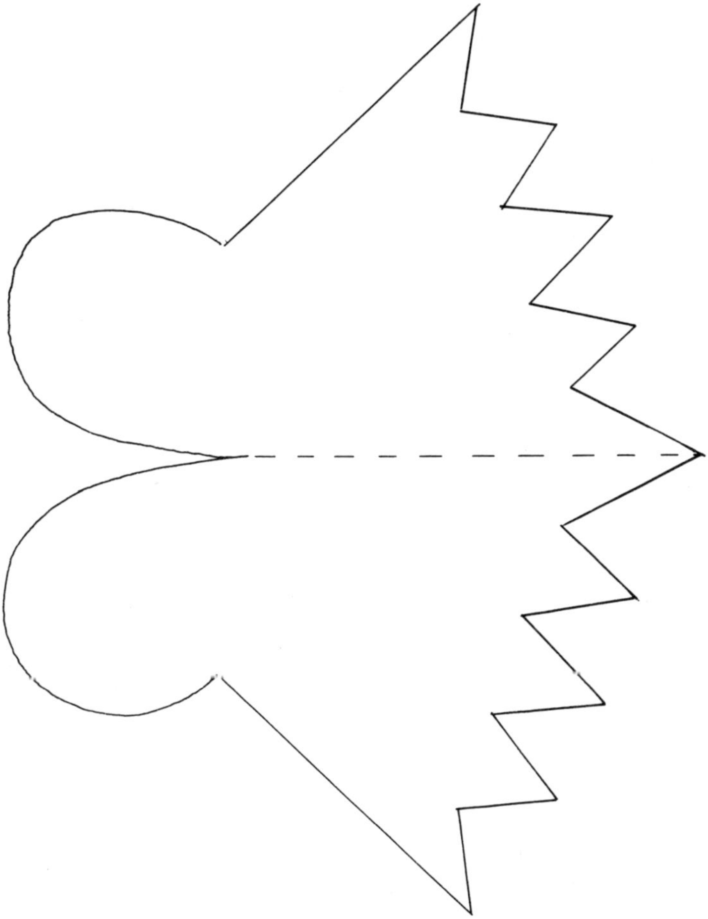

roten Kamm mit Schnabel zwischen die Kopfhälften und auf beide Seiten die Augen.

Für den Kamm und die Augen nimm möglichst immer roten Filz. Kopf und Hals haben einen anderen Farbton als der Körper.

Kante A bis B aufeinanderlegen und zusammennähen –

im unteren Teil (x) die Schwanzfedern mit einnähen!

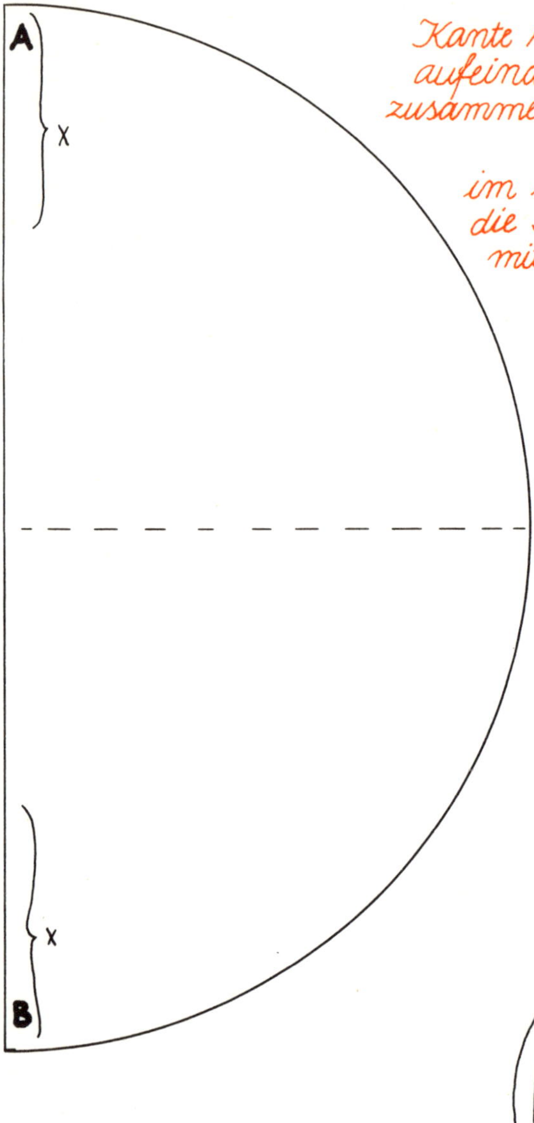

Schwanzfedern

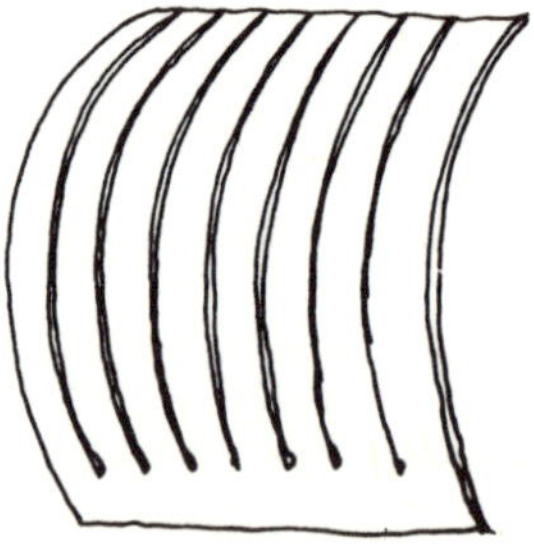

Frotteehäschen

Ein nettes Mitbringsel ist dieser Osterhase aus einem Frotteewaschhandschuh.

Material:

1. ein neuer Waschhandschuh
2. Nadel, Zwirn und etwas Wolle
3. zwei Perlen
4. Watte

Ausführung:

Den oberen zugenähten Teil des Waschhandschuhs ziehst du von der Mitte aus herunter, so daß zwei Zipfel, die Ohren, entstehen (s. Abb.). Diese nähst du nun mit einigen kleinen Stichen fest.

Dann füllst du soviel Watte hinein, daß sich ein kleiner Kopf formen läßt.

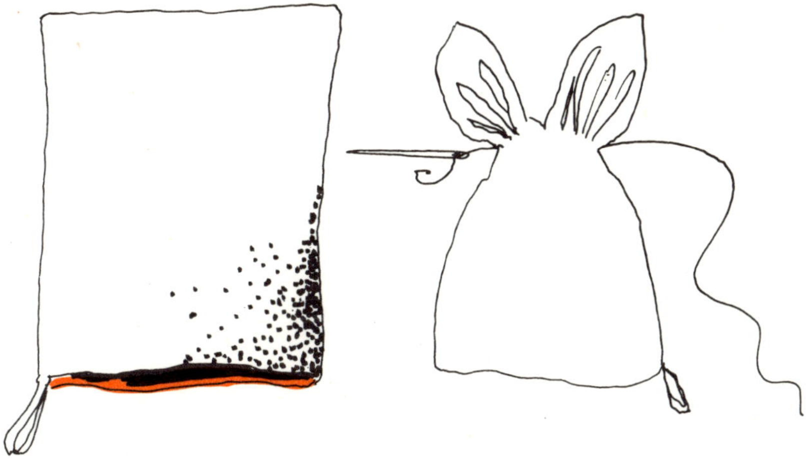

Den Hals nähst du wieder mit kleinen festen Stichen zu, oder du kannst ihn auch mit einem farbigen Seidenband fest zubinden (s. Abb.).

Als Augen nähst du zwei kleine Perlen auf. Als Barthaare ziehst du drei kleine Woll- oder Nylonfäden durch.

Schmucksteine oder Briefbeschwerer

Formschöne Rheinkiesel kannst du in wunderschöne Schmucksteine oder Briefbeschwerer verwandeln.

Material:

1. formschöne Rheinkiesel
2. Abtönfarbe (Plaka)
3. Klarlack

Ausführung:

Bei einem Gärtner oder in einer Baustoffhandlung besorgst du dir große glatte formschöne Rheinkiesel.

Nach dem Säubern bemalst du sie je nach der Form mit einem passenden Motiv.

Nach dem Trocknen überstreichst du die Steine mit Klarlack.

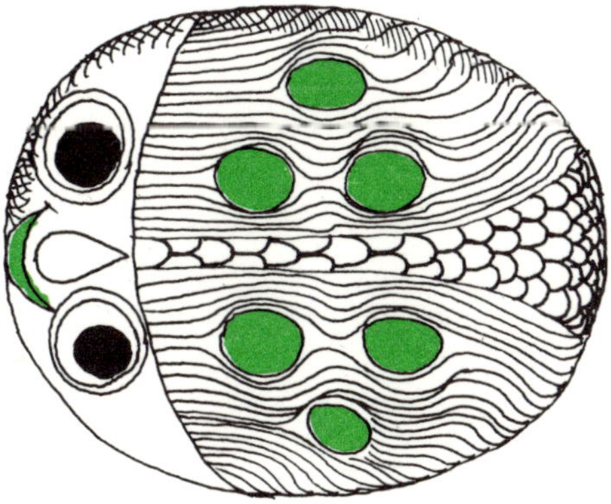

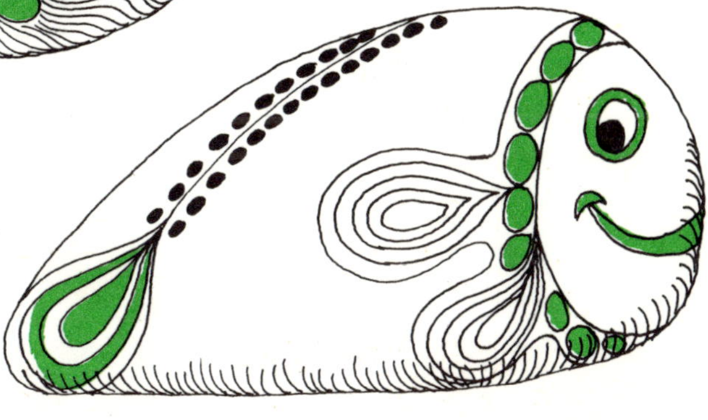

Steinmännchen

Mit selbstgebauten Steinmännchen kannst du zeigen, was man mit viel Phantasie und wenig Material machen kann.

Material:

1. Rheinkiesel
2. Plakafarbe und Klarlack
3. Knöpfe, Perlen, Silberdraht, kleine Pelzreste usw.
4. Zweikomponentenkleber

Ausführung:

Nachdem du dir Rheinkiesel in verschiedenen Formen und Größen besorgt hast, reinigst du sie zunächst gut, ordnest sie in Größen und beginnst nun mit dem Gestalten der Figuren.

Die ausgesuchten Steine klebst du von unten beginnend mit einem Zweikomponentenkleber zusammen. Erst wenn der Kleber richtig ausgehärtet ist (ca. 2 Stunden), kannst du mit dem Bemalen und Ausschmücken der Figuren beginnen.

Ich wünsche dir viele gute Ideen.

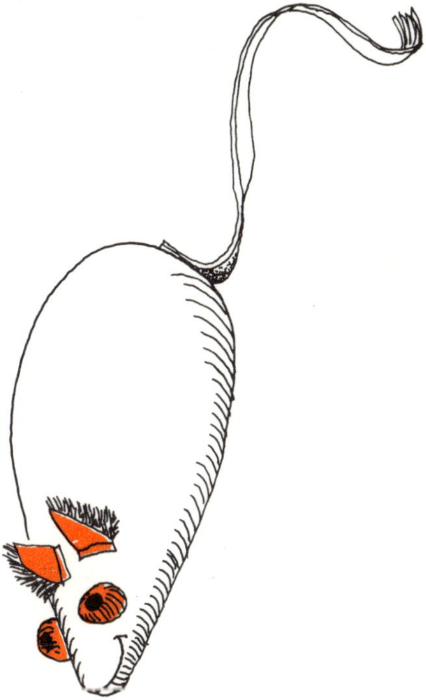

Bilder aufkleben

Wie oft findest du ein Kalenderblatt, fotografische Vergrößerungen, Drucke oder Bilder, mit denen du deine Zimmerwand dekorieren möchtest.

Ein aufgeklebter Druck ist auch als ein ansprechendes Geschenk geeignet.

Material:

1. Spanplatte, ca. 1 cm stark, Größe ?
2. guten Tapetenkleister
3. farbiges Tesaband oder Plakafarbe

Ausführung:

Nachdem du dir bei einem Schreiner oder in einem Bastelgeschäft die Spanplatte in passender Größe für dein Bild besorgt hast, kannst du mit dem Aufziehen beginnen.

Zuvor mußt du zum Aufhängen des Bildes noch ein Loch in die Spanplatte bohren.

Jetzt rührst du den Kleister an. Dann bestreichst du sorgfältig die Rückseite des Bildes oder des Druckes mit dem Kleister. Es dürfen sich keine Klumpen bilden. Nun läßt du das Bild einige Minuten liegen, damit der Kleister gut einziehen kann.

Wenn du das Bild auf die Spanplatte bringst, achte bitte darauf, daß keine großen Blasen entstehen. Fange so an, wie es die Abbildung zeigt.

War das Bild genug eingeweicht, ziehen sich kleine Falten und Blasen beim Trocknen wieder glatt.

Ist das Bild gut aufgetrocknet, kannst du die überstehenden Kanten sauber abschneiden.

Das Loch mußt du schräg bohren
damit das Bild nicht vom Nagel
rutschen kann!

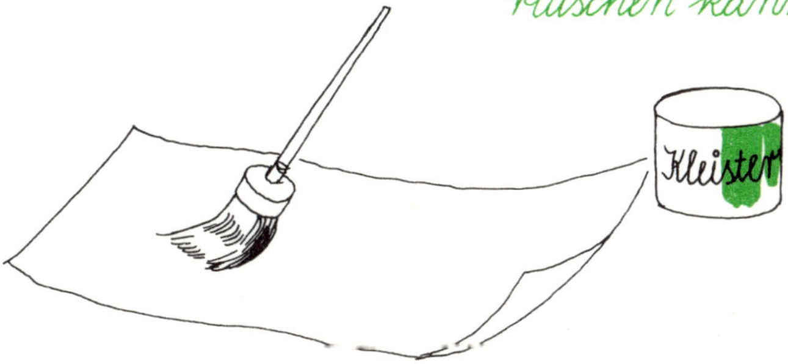

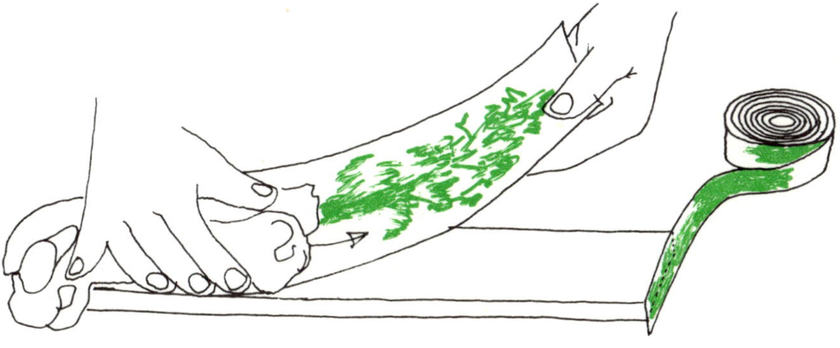

Zum Schluß umklebst du die Seitenkanten mit einem farbig passenden Tesaband oder bemalst sie mit einer passenden farbigen Plakafarbe.

Bilder aufziehen

Material:

1. doppelseitig klebende Folie
2. farbiges Tesaband oder Plakafarbe

Ausführung:

Mit der selbstklebenden Folie beziehst du zuerst das Bild. Dann entfernst du das andere Schutzblatt der Folie. Nun überträgst du dein Bild vorsichtig wie bei der vorgeschriebenen Technik auf die Spanplatte.

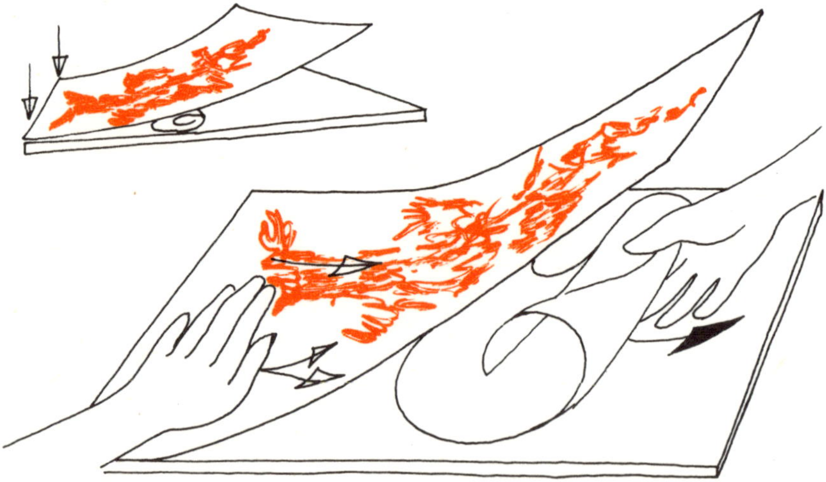

Lederamulett

Wer trägt nicht gern ausgefallenen Schmuck, d. h. einen Schmuck, den nicht jeder hat.

Du fertigst es aus Lederreststücken oder auch aus Sohlenlederresten, die du bei einem Schuhmacher oder an einer Schuhreparaturbar im Kaufhaus erhalten kannst. Am schönsten ist echtes ungefärbtes Rindsleder.

Material:

1. Lederreste
2. Silberdraht
3. Leder-Riemchen
4. Holzbrett
5. scharfes Messer

Ausführung:

Zeichne dein Motiv auf ein gutes Stück Leder. Das kann ein Kreuz, eine Sonne, ein Buchstabe, dein Sternzeichen, ein Quadrat, ein Kreis usw. sein.

Nun legst du das Lederstück auf ein Holzbrett und schneidest die Grundform mit einem Messer aus (s. Abb.).

Anschließend ritzt oder brennst du das Ornament oder das Gesicht usw. auf das ausgeschnittene Leder.

Das Einbrennen kannst du mit einem Vergrößerungsglas und der Sonne erreichen. Wenn keine Sonne scheint, geht es auch mit einer alten dicken Stopfnadel, die mit einer Flachzange über eine Kerze glühend gemacht wird.

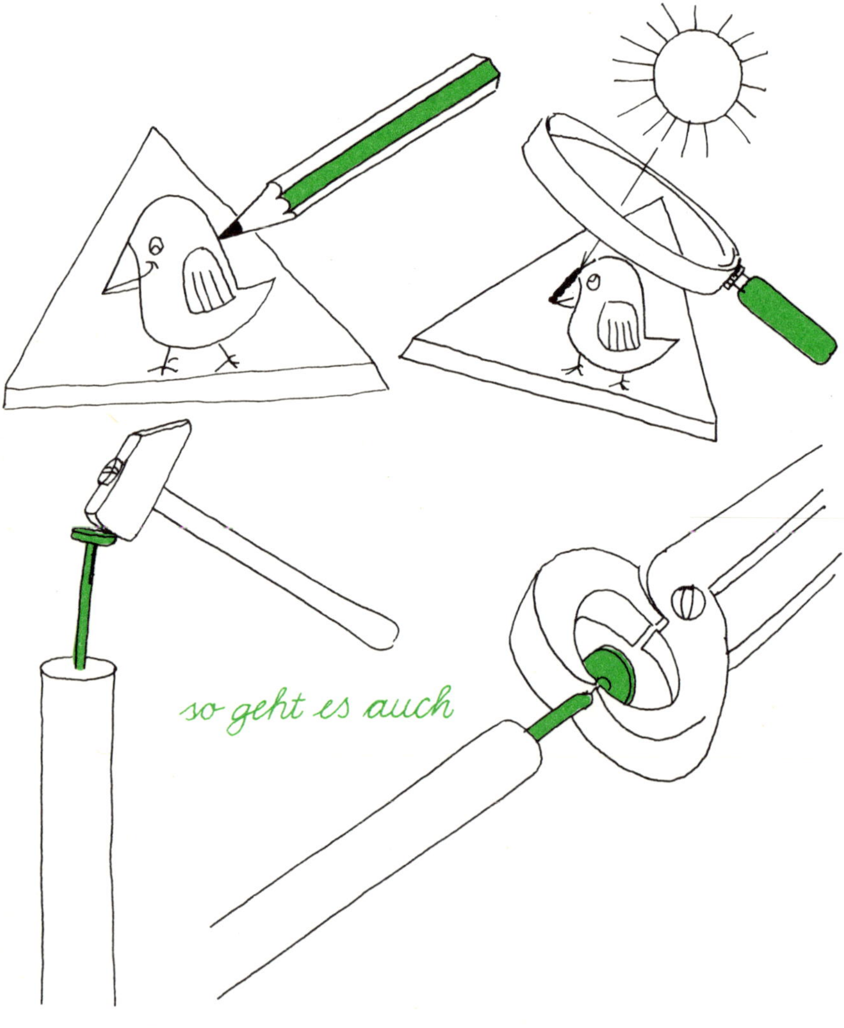

Du kannst die Nadel auch in ein Stück Holz stecken und mit Draht festwickeln (s. Abb.). Mit der glühenden Nadel kannst du dann wie mit einem Bleistift zeichnen.

Die andere Möglichkeit, das Motiv mit einem spitzen Gegenstand einzuritzen, ist vielleicht einfacher. Wenn du die Zeichnung eingeritzt hast, reibst du mit Farbe darüber, so daß die Ritzen gefärbt werden. Die restliche Fläche säuberst du wieder.

An der oberen Kante machst du ein Loch und steckst ein Stück Silberdraht hindurch, das du zu einer Öse biegst.

Nun brauchst du nur noch das Lederband hindurchziehen, und dein Amulett ist fertig.

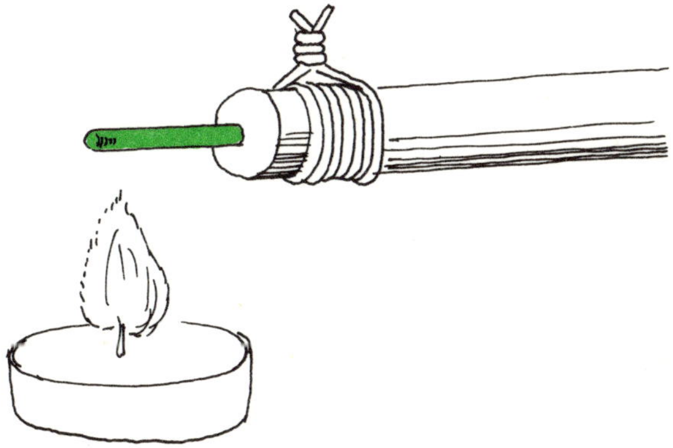

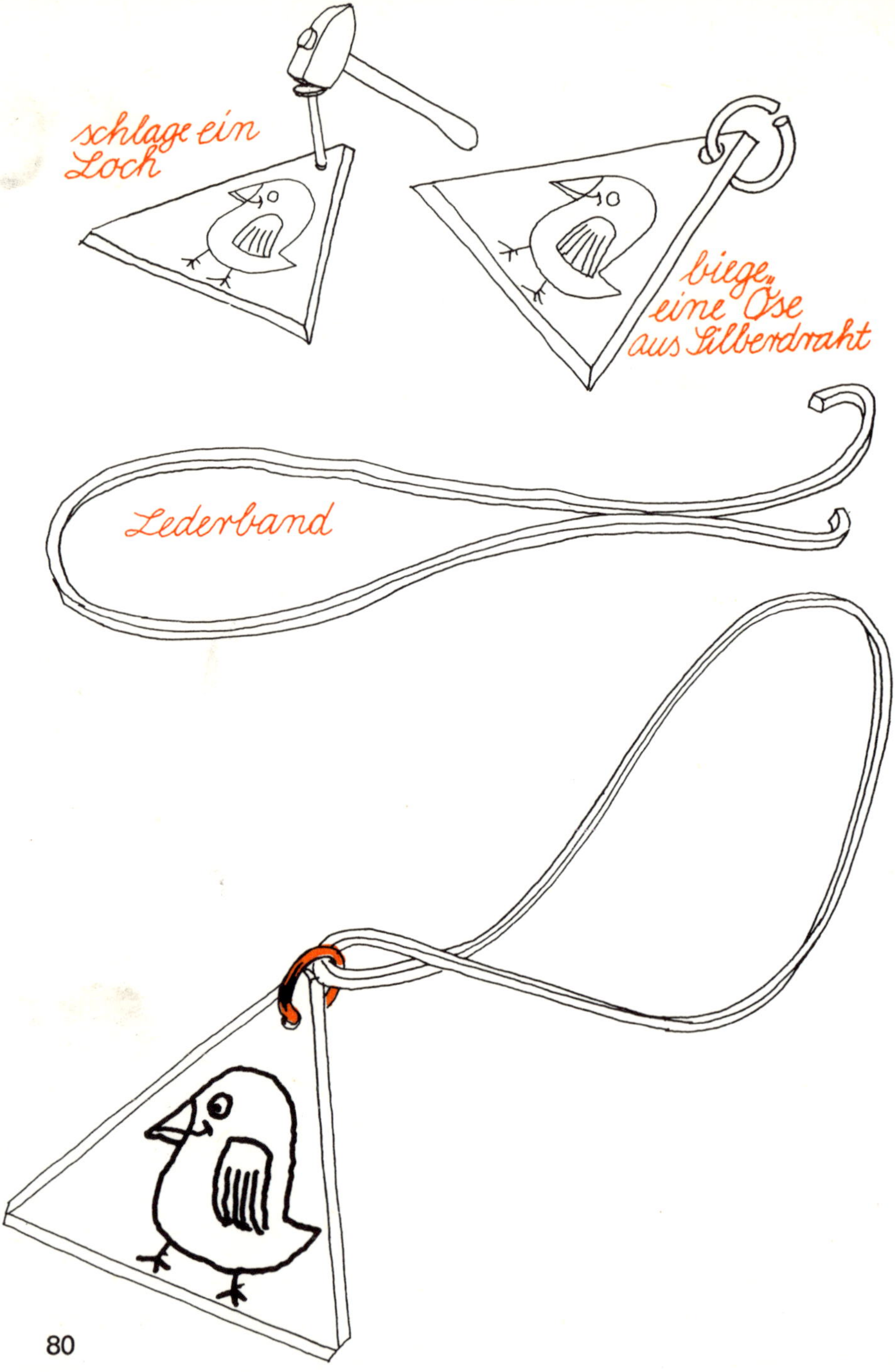
schlage ein Loch
biege eine Öse aus Silberdraht
Lederband

Fensterschmuck aus Schmelzgranulat

Schmelzgranulat ist ein interessantes Bastelmaterial.

Aus diesen kleinen bunten Steinen lassen sich nette Kunstwerke z. B. Wand- oder Fensterschmuck, Glas- und Flaschenuntersetzer, Anhänger usw. schaffen bzw. schmelzen.

Material:

1. Schmelzgranulat, verschiedene Farben
2. runde oder eckige Blechformen

Ausführung:

Schmelzgranulat in verschiedenen Farben und Blechformen erhältst du im Bastlergeschäft.

Deinen Entwurf malst du mit einem Bleistift auf den Boden der Blechform. Mit einem Löffel ordnest du nun die von dir bestimmten Farben in die Blechform.

Die gefüllte Form stellst du 15 bis 20 Minuten in den vorgeheizten Backofen von ca. 100 bis 200° C. Ein zu schneller Schmelzvorgang ergibt leicht zu große Blasenbildung. Achte daher auf den Schmelzvorgang. Als besonderer Effekt, können große Blasen auch interessant sein. Ist der Schmelzvorgang beendet, nimmst du die Blechform aus dem Backofen und läßt sie erkalten.

Vor dem Erkalten kannst du in das Bild, um bestimmte Teile stärker herauszuheben, mit einem spitzen Gegenstand Strukturen einziehen. Dadurch erreichst du noch mehr Plastizität. Es entsteht sozusagen ein Relief.

Mit einer dickeren Nadel bohrst du ein Loch in die Platte, damit du einen Faden zum Aufhängen durchziehen kannst.

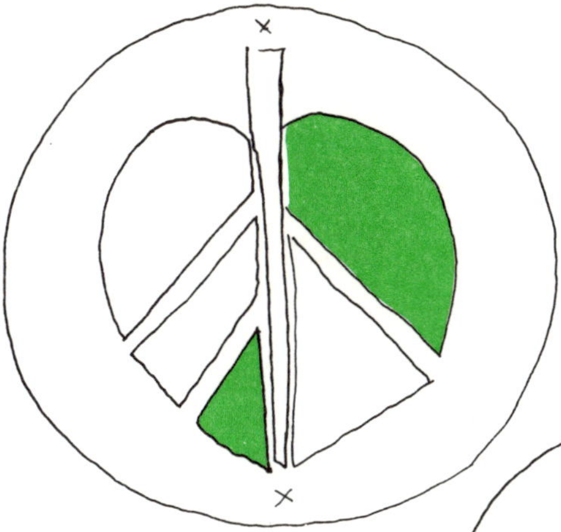

x =

oben und unten
ein Loch bohren
(die Platte muß aber
noch warm sein)

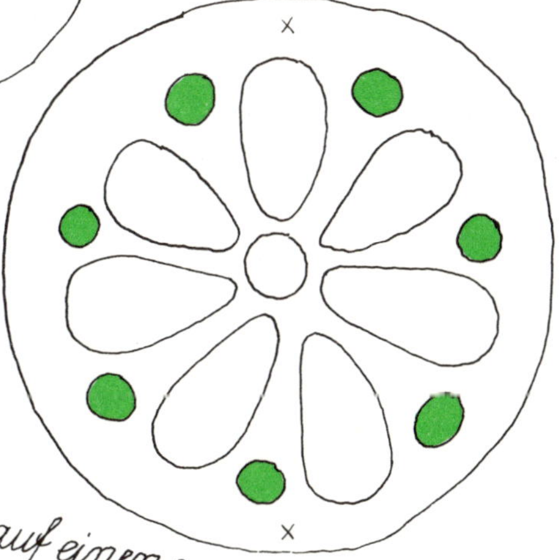

Silberdraht auf einen runden Stab

drehen und ...

... Ösen
abkneifen

Wenn du verschiedene Formen gegossen hast, kannst du die Platten, nach der Größe geordnet, miteinander verbinden und sie so zu einem größeren Gehänge vor das Fenster hängen (s. Abb.).

Modellieren mit Tonal

Mit dieser neuen Modelliermasse kannst du sofort anfangen zu modellieren. Sie ist in Plastikbeuteln verpackt und jederzeit gebrauchsbereit.

Tonal erhärtet an der Luft und muß nicht gebrannt werden. Nach dem Trocknen kannst du es wie Holz verarbeiten, z. B. feilen, bohren, schleifen, sägen und leimen.

Material:

1. Tonal
2. Modellierhölzer
3. viele gute Einfälle

Ausführung:

Tonal und Modellierhölzer erhältst du im Bastlergeschäft.

Wie schon gesagt, Tonal ist sofort gebrauchsbereit.

Ich empfehle dir mit einer leichten Arbeit zu beginnen. Du rollst viele Perlen, durchstichst sie mit einem Nagel und läßt sie 3–4 Tage zum Trocknen liegen. Willst du den Trocknungsvorgang verkürzen, brennst du die Perlen bei einer Temperatur von 120° C im Backofen.

Nach dem Trocknen kannst du sie bemalen. Damit du nicht jede Perle einzeln anmalen mußt, steckst du sie auf einen passenden Nagel, tauchst sie in das Farbtöpfchen und stellst sie dann auf eine Unterlage zum Trocknen auf. Leuchtender und frischer wird deine Perle, wenn du sie nach dem Trocknen der Farbe noch in Klarlack tauchst. Die fertigen Perlen reihst du dann auf ein festes Band oder auf ein Lederriemchen.

Deine Kette kannst du auch aus unregelmäßigen Perlen gestalten, z. B. viereckige, ovale und längliche Kettenglieder.

Weitere Vorschläge für das Modellieren aus Tonal sind: Serviettenringe, Armreifen, Kettenanhänger, Schachfiguren, Kerzenständer, Aschenbecher, Eierbecher, Kasperlefiguren usw. – Nur Mut!

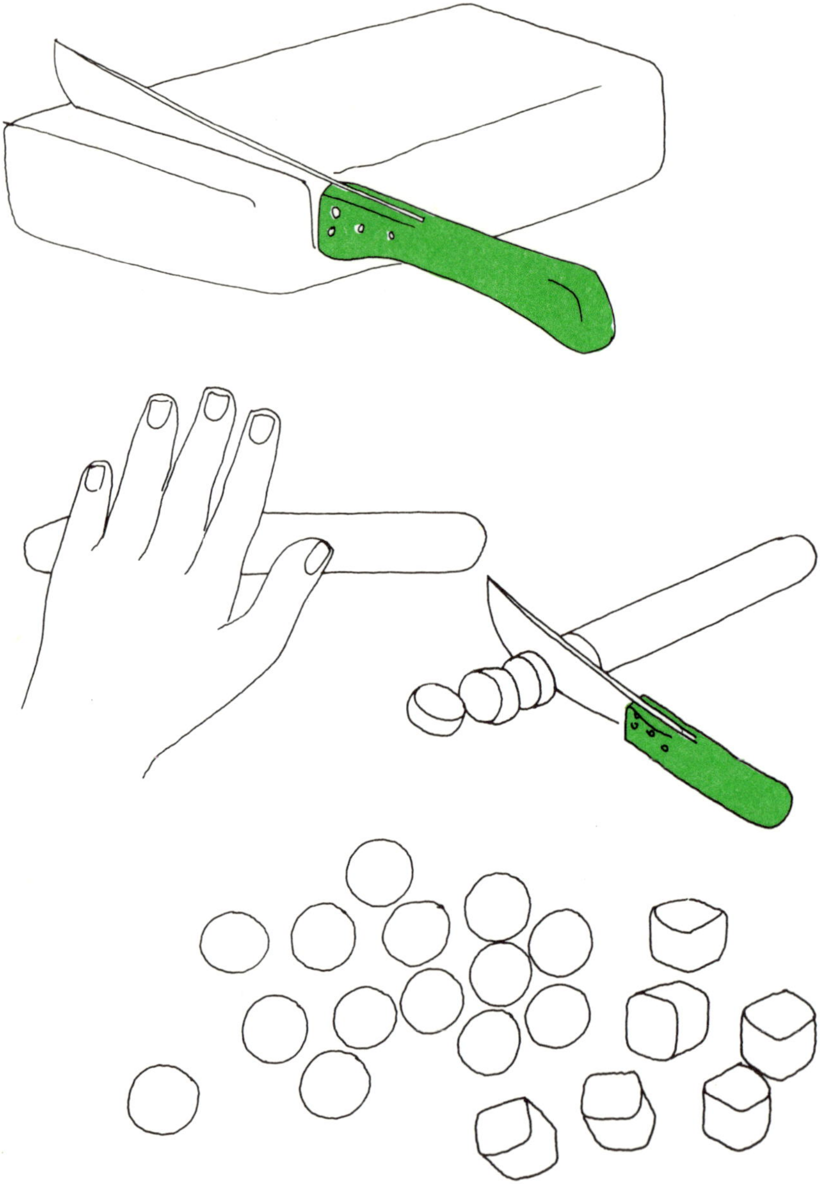

FARBE

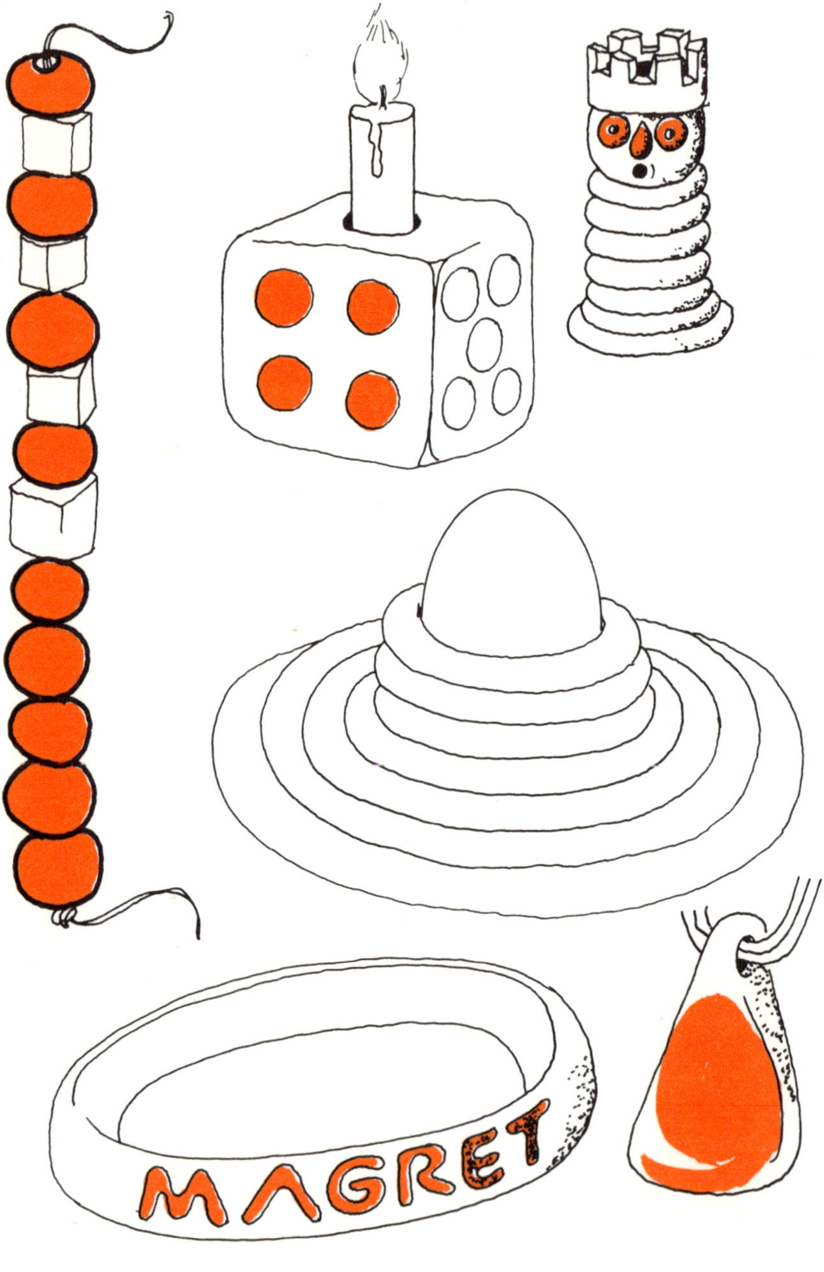
MAGRET

Anhänger mit Emaillack bemalt

Fast unerschöpflich ist die Verwendung des Emaillacks. Es ist ein flüssiges, kalt härtendes Kunststoffharz, für das kein Brennofen nötig ist.

Metall, Holz, Ton, Stein, Pappe, Papier können damit glasklar und farbig beschichtet werden. Nicht verwendbar sind Plexiglas, Plastik, Gummi und Weich-PVC.

Diese Technik ist mit einigen Kosten verbunden und muß sehr vorsichtig und genau ausgeführt werden.

Richte dich genau nach den Vorschriften, die dem Material beiliegen. Es gibt komplette Packungen in denen Harz, Härter, Farbpaste, Mischtöpfchen und die genaue Arbeitsanweisung enthalten sind.

Rohlinge aus Holz, Kupfer usw. bekommst du ebenfalls im Bastlergeschäft.

Z. B. flache Kieselsteine durchbohrt und nach dem Lackieren mit einer Öse aus Silberdraht versehen, sind wunderschöne Anhänger. Oder ein flacher Kieselstein lackiert und mit einem Zweikomponentenkleber an einer Anstecknadel befestigt, gibt ein modisches Schmuckstück.

Weitere Anwendungsmöglichkeiten solltest du dir selber einmal ausdenken.

Wenn du mit Emaillack arbeitest, gestalte sogleich viele Gegenstände, denn für eine Arbeit lohnt es sich kaum, die kostbare Farbmischung anzusetzen.

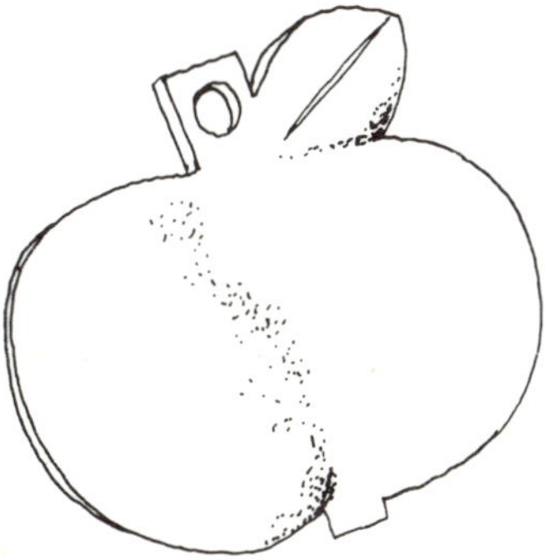

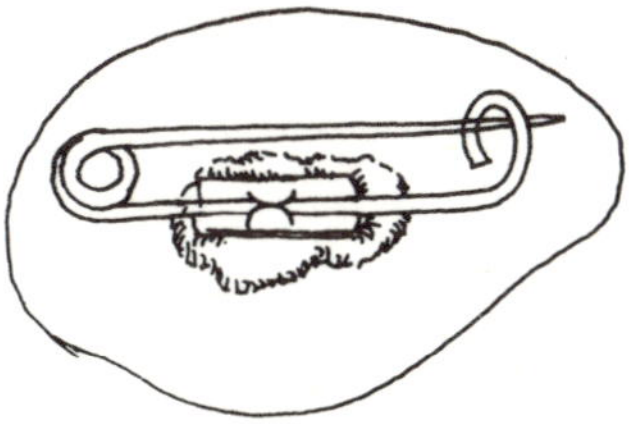

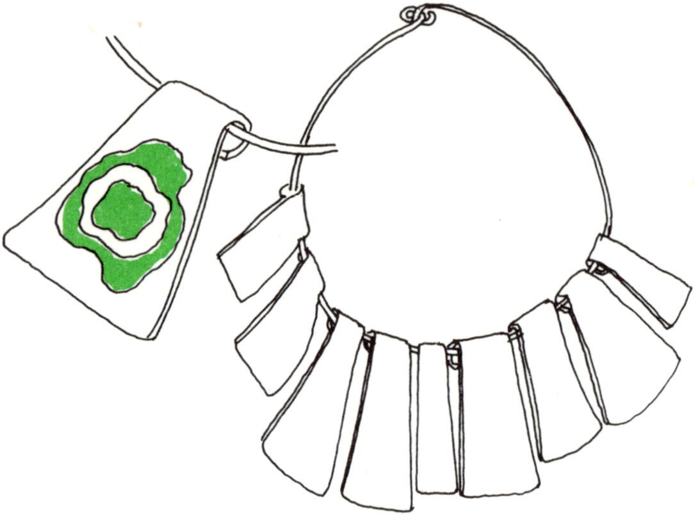

Armreifen

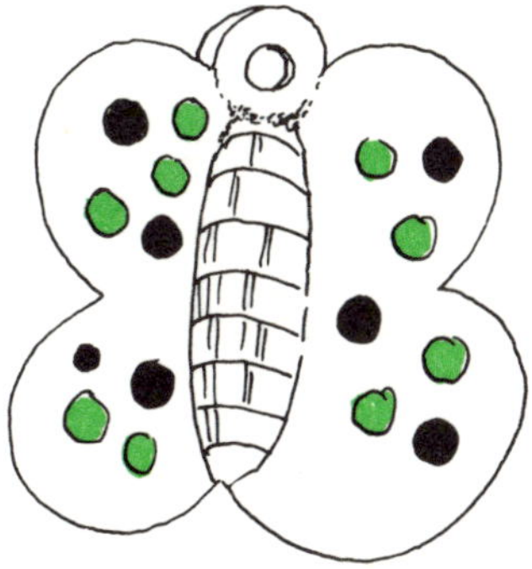

Briefbeschwerer aus Polyester-Gießharz

Eine weitere neue Basteltechnik mit vielen Bastelmöglichkeiten ist das Polyester-Gießharz.

Hierin kannst du kleine Kostbarkeiten, wie seltene Schmetterlinge und Käfer, schöne Blüten, Münzen usw. eingießen und diese zu dekorativen Gebrauchsgegenständen, wie Briefbeschwerer, Buchstützen, Anhänger, ja sogar zu kleinen Plastiken verarbeiten.

Die genaue Arbeitsanleitung ist dem Polyester-Gießharz beigegeben.

Frage in deinem Bastlergeschäft nach diesem Material.

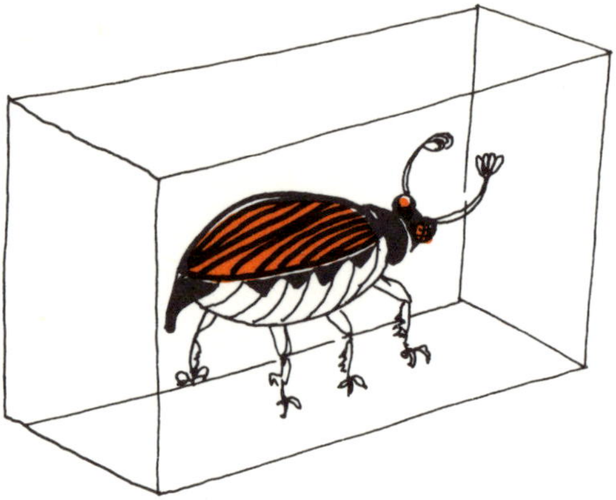

Rollenhalter für die Küche

Einen einfachen Holzkochlöffel kannst du für viele praktische Zwecke im Haushalt schnell und einfach herrichten.

Material:

1. Holzkochlöffel
2. Plakafarbe und klarer Lack
3. Stoff- und Wollreste

Ausführung:

Zunächst besorgst du dir in einem Haushaltswarengeschäft für wenig Geld einen Holzkochlöffel. Achte darauf, daß der Stiel auch so lang ist, daß eine Papierrolle darauf paßt. Nun beginnst du mit der Dekoration.

Zunächst malst du auf die Löffelrundung ein Gesicht. Als Haare klebst du Wollfäden auf. Nach deiner eigenen Phantasie kannst du ein Kopftuch, Mütze usw. dem Gesicht aufsetzen.

Du kannst den Holzlöffel auch mit Plakafarbe bestreichen und

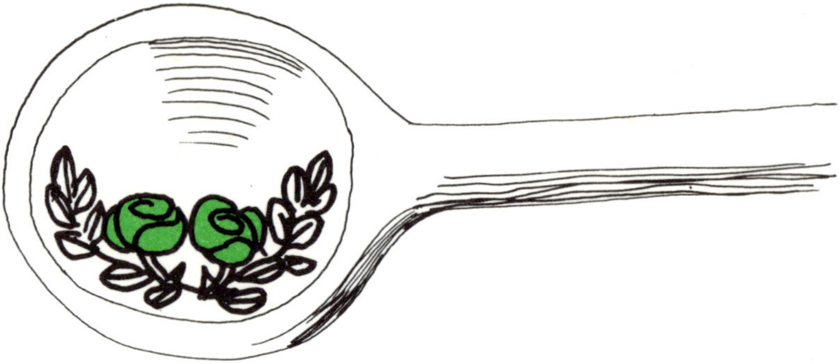

dann nach dem Trocknen auf die Löffelrundung eine Bauernmalerei aufmalen (s. Abb.). Wenn diese Malerei trocken ist, überziehst du alles mit klarem Lack.

Nun schiebst du die Papierküchenrolle auf, befestigst hinter der Löffelrundung und am Ende des Stieles ein Kordelband und hängst ihn zum Gebrauch an die Küchenwand.

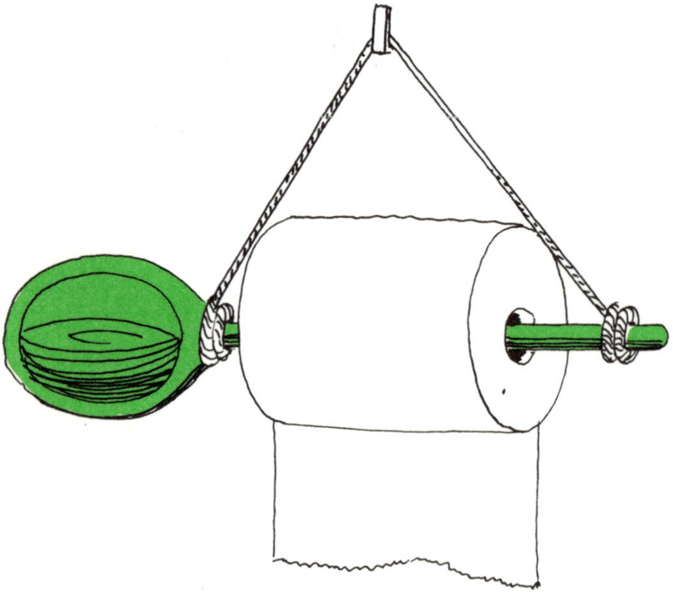

Schlüsselhalter, Gästetuchhalter, Topflappenhalter

Diese drei Gebrauchsgegenstände kannst du nach der gleichen Anleitung – wie den „Rollenhalter für die Küche" – anfertigen.

Du schraubst in den Stiel des Holzkochlöffels ein paar kleine Haken. Auf der Rückseite des Stiels befestigst du zwei kleine Aufhängeösen, und fertig sind sie.

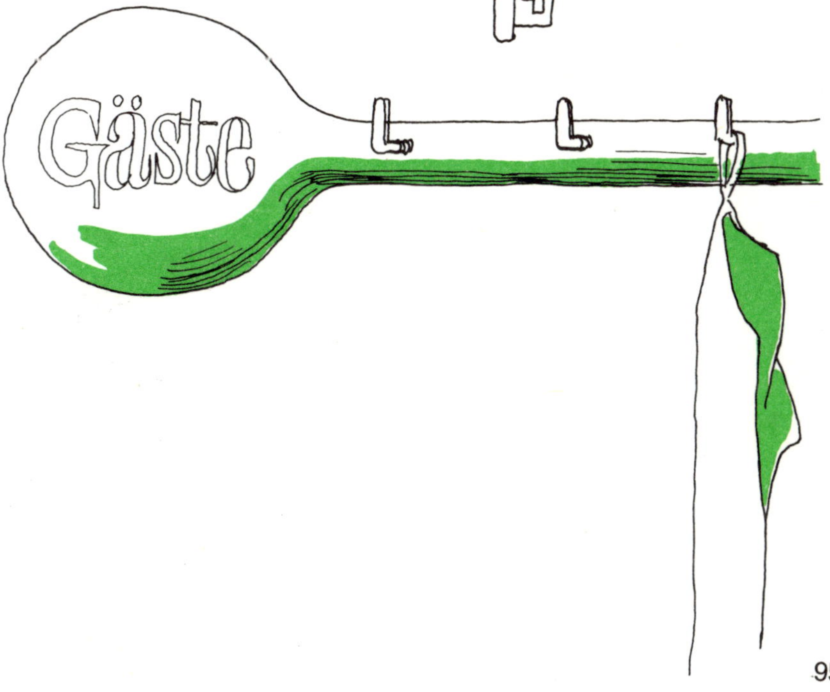

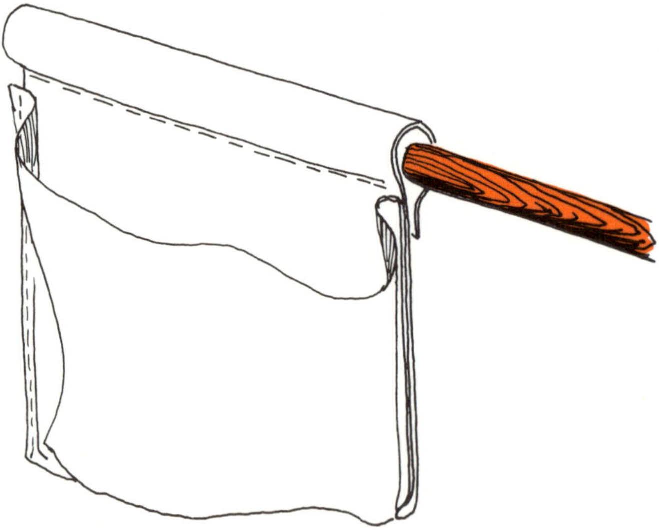

Staubtuchbeutel- oder Krambeutelhalter

So ein Staubtuchbeutel oder Krambeutel gehört eigentlich in jede Küche oder jedes Kinderzimmer.

Hierzu bemalst du wieder einen Holzkochlöffel (s. Anleitung „Rollenhalter für die Küche").

Dann nähst du einen viereckigen Beutel aus einem festen hübschen Stoff. Mit zwei Schlaufen befestigst du den Beutel am Löffelstiel oder nähst an der Rückseite der Beutelöffnung einen 2 cm breiten Saum, so daß du den Löffelstiel leicht durchschieben kannst.

An der Rückseite des Stiels befestigst du zwei kleine Aufhängeösen, und wieder ist ein schöner Gebrauchsgegenstand fertig.

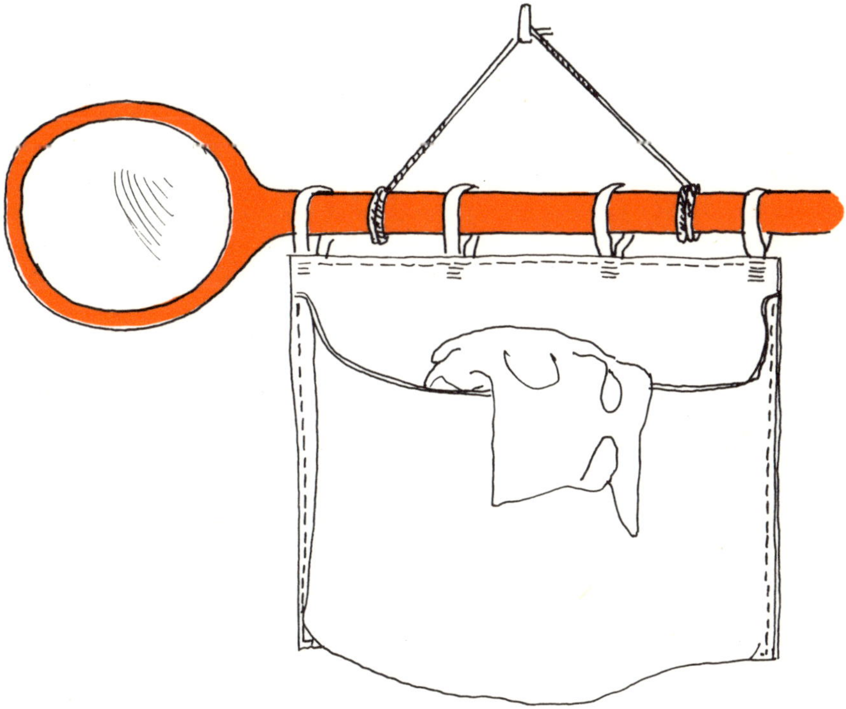

Mädchenrock

Dies ist ein Rock für jede Gelegenheit, schnell genäht, ob kurz oder lang. Selbst die Kleinen können hier, mit etwas Hilfe der Mutter oder der größeren Schwester, ihre ersten Nähversuche unternehmen.

Material:

1. Stoff
2. passendes Nähgarn, Gummiband, Sicherheitsnadel
3. Nähmaschine, Stecknadeln

Ausführung:

Bevor du dir einen Stoff besorgst, mißt du deine von dir gewünschte Rocklänge von der Taille aus ab und gibst noch ca. 10 cm für das Bord und den Saum hinzu. Nun hast du die Länge, die du für deinen Rock brauchst. Der Stoff sollte möglichst 1,40 m breit liegen.

Nun kannst du mit dem Nähen beginnen.

Zuerst versäuberst du mit einem Zickzackstich die beiden Schnittkanten. Dann faltest du den Stoff (rechte Seite innen) so, daß alle Kanten aufeinander liegen. Nun schließt du die Seitennaht, die du vorher grob geriehen oder gesteckt hast, mit einem Steppstich bis auf eine Öffnung von ca. 3 cm zu. Bevor du weiter arbeitest, bügelst du erst die Naht auseinander.

Am Bund mißt du 3 cm und am Saum 4 cm ab und heftest oder reihst diese nach innen um. Für den Taillenbund mißt du von der Umschlagkante aus 2,5 cm ab, reihst es wieder vor und steppst es dann ab.

Nun ziehst du ein 2 cm breites Gummiband durch, das du vorher nach deiner Taillenweite abgemessen hast. Nachdem du das Gummiband fest vernäht hast, schließt du die Öffnung des Taillenbundes mit kleinen Stichen.

Den Saum befestigst du mit Saumstichen. Bügeln und fertig ist der Rock.

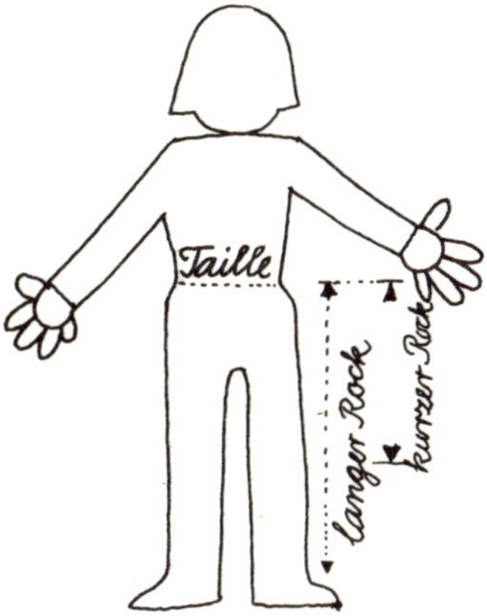
Taille
langer Rock
kurzer Rock

gefalteter Stoff

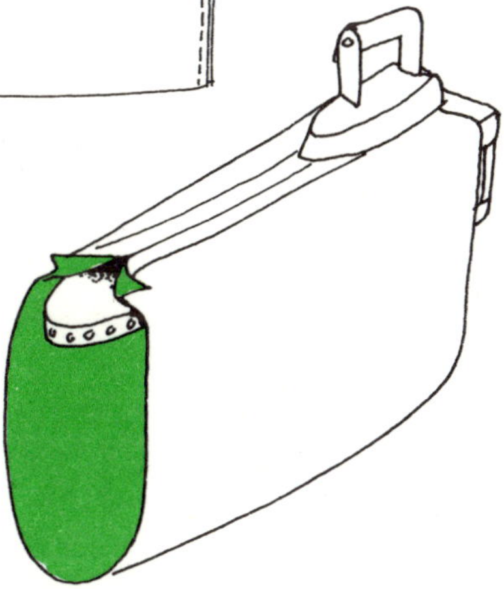

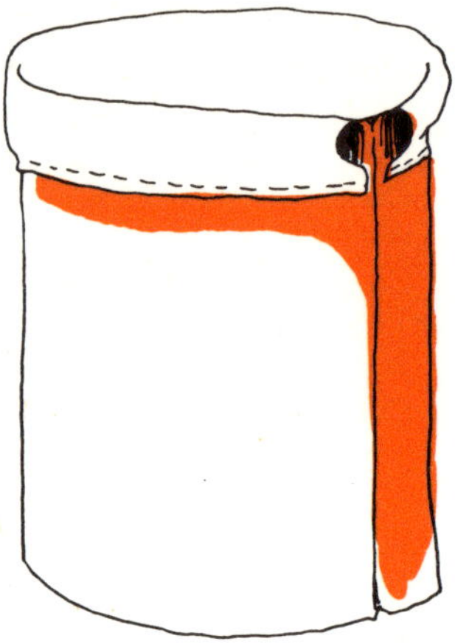

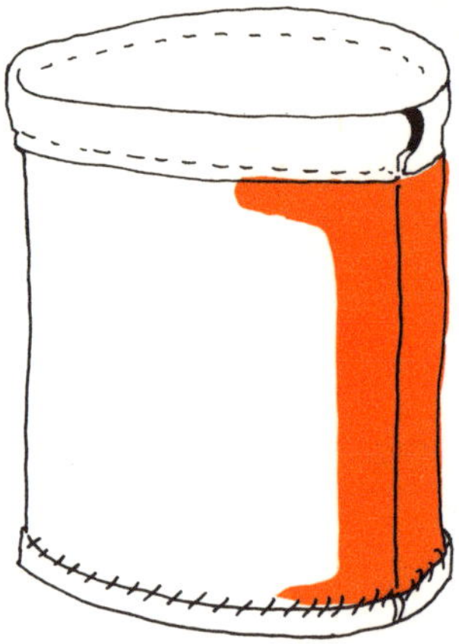

Topflappen

Zweckmäßig sind immer wieder Topflappen. Wie wichtig sie sind, merkt man erst, wenn man sich verbrannt hat.

Material:

1. Frottee, Kord, Filz oder Steppstoff
2. Schrägstreifen, ca. 1,80 m
3. passendes Nähgarn

Ausführung:

Du schneidest dir wieder nach den vorgegebenen Mustern oder deinen Ideen ein Papiermodell aus, heftest es auf den von dir ausgesuchten Stoff und schneidest es zweimal zu. Für die Aufhänger schneidest du zwei 8 cm lange Bänder vom Schrägstreifen ab und verstürzt sie zu einer dünnen Rolle.

Nun heftest du die Topflappen (die rechte Seite innen) zusammen und reihst erst die äußeren Kanten mit dem in der Mitte gefalteten Schrägstreifen ein. Die geschlossene Kante des Schrägstreifens muß zwischen den beiden Teilen nach innen liegen, und die beiden offenen Kanten müssen bündig mit den Topflappenteilen abschließen. Den Aufhänger nicht vergessen mit einzureihen!

Jetzt steppst du den Topflappen knappkantig bis auf eine kleine Öffnung ab. Wendest ihn auf rechts und schließt die Öffnung.

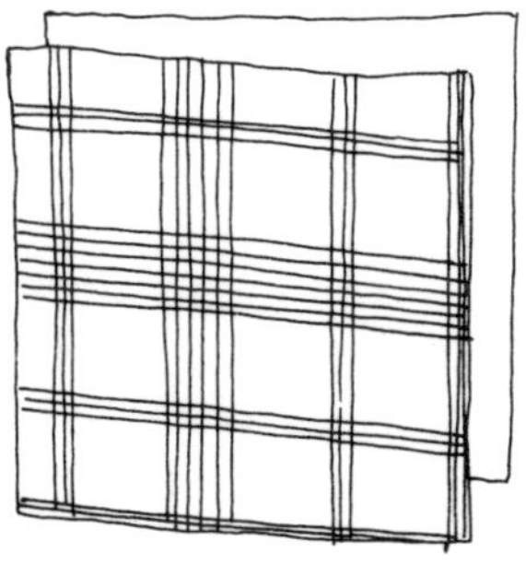

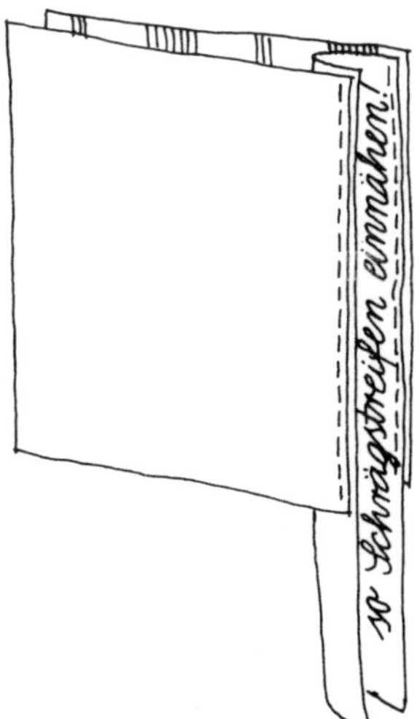

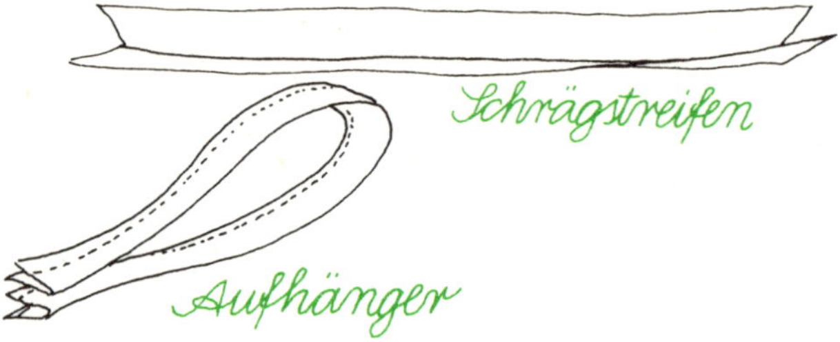

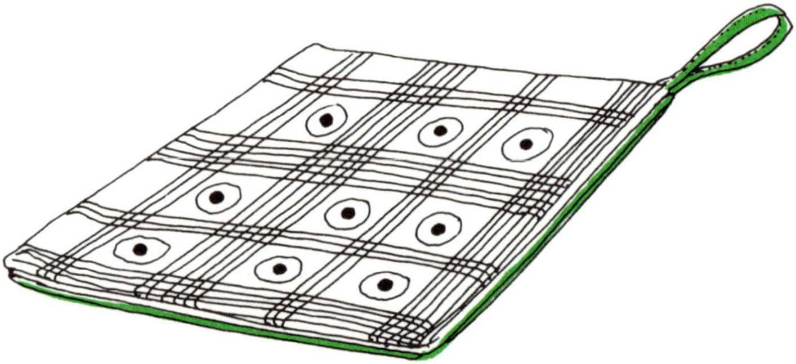

Topfhandschuhe

Bei einer Einladung zur Grillparty wirst du als Geschenk oder Mitbringsel mit diesen selbstgefertigten Topfhandschuhen ein gern gesehener Gast sein.

Sie sind schnell genäht.

Material:

1. bunter Steppstoff
2. Schrägstreifen

Ausführung:

Zunächst schneidest du dir wieder das Muster aus, legst den Stoff Kante auf Kante, rechte Seite innen. Dann legst du das Muster auf und schneidest den Handschuh mit ½ cm Nahtzugabe zu.

Nun steppst du die Seiten ab und wendest den Handschuh.

Die Öffnung kannst du mit einem passend farbigen Schrägstreifen einfassen, den du in der Rücknaht als Schlaufe einnähst.

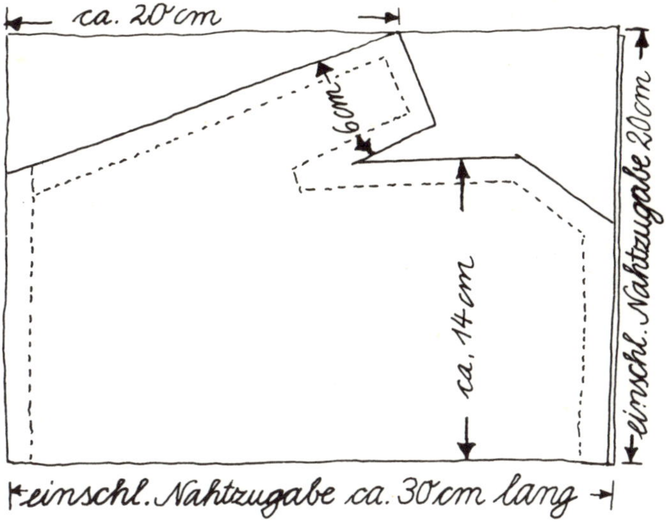
ca. 20 cm
6 cm
ca. 14 cm
einschl. Nahtzugabe 20 cm
einschl. Nahtzugabe ca. 30 cm lang

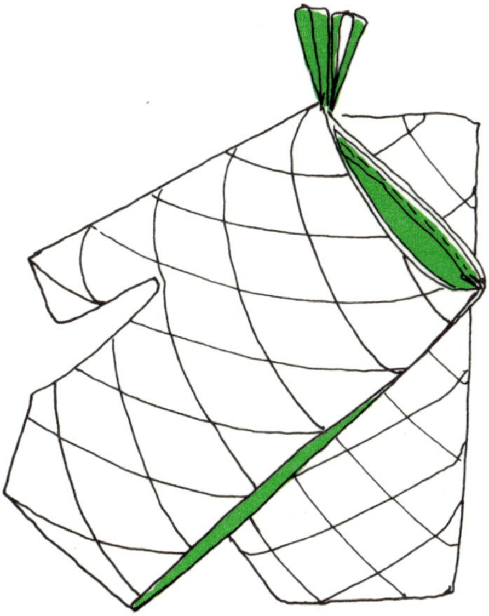

Grillschürze

Grillen ist heute ein großes Hobby geworden.

Mit dieser Grillschürze kannst du deine Nähkünste beweisen.

Es wird kein Geschrei mehr geben, wenn Vater einen Fettspritzer abbekommt, oder seine Hände statt an der Hose nun an deiner selbstgenähten Grillschürze abwischt.

Material:

1. Gminder Leinen oder Vistran, 80 cm breit, 130 cm lang
2. Schrägstreifen
3. passendes Nähgarn

Ausführung:

Schneide dir ein Papiermuster nach der Abbildung. Nun legst du den Stoff Kante auf Kante, steckst das Papiermuster auf und schneidest die Schürze, Tasche, Schlaufe und Bänder zu.

Auf die ausgerundeten Schürzenkanten steppst du von rechts einen Schrägstreifen auf, die du dann nach links umschlägst und versäuberst.

Nun säumst du die untere und obere Kante der Schürze. Da das Gminder Leinen meistens 80 cm breit liegt, brauchst du die Webkante nicht zu säumen.

Bei Vistran, der sehr praktisch ist, denn du kannst den Schmutz einfach abwischen, versäuberst du alle Kanten mit einem kontrastfarbigen Schrägstreifen.

Jetzt versäuberst du das Trägerband oder die Schlaufe und die Bänder, indem du die Kanten umschlägst und steppst. Dann nähst du sie an.

Nachdem du die Tasche versäubert hast, reihst du sie auf und steppst sie fest. Wenn du Lust hast, kannst du die Schürze (aus Gminder Leinen) mit Stoffarbe bemalen.

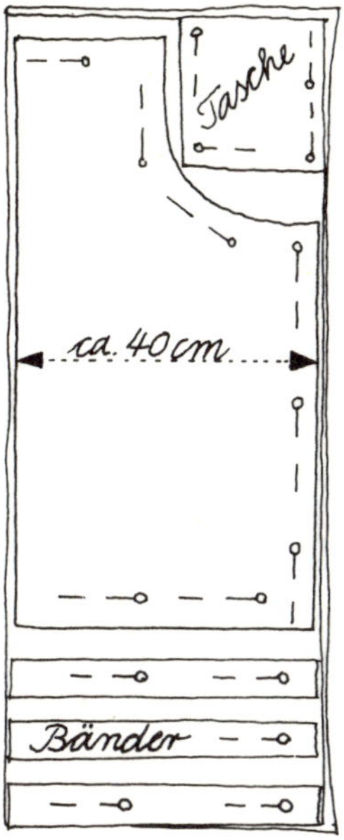
Tasche
ca. 40 cm
Bänder

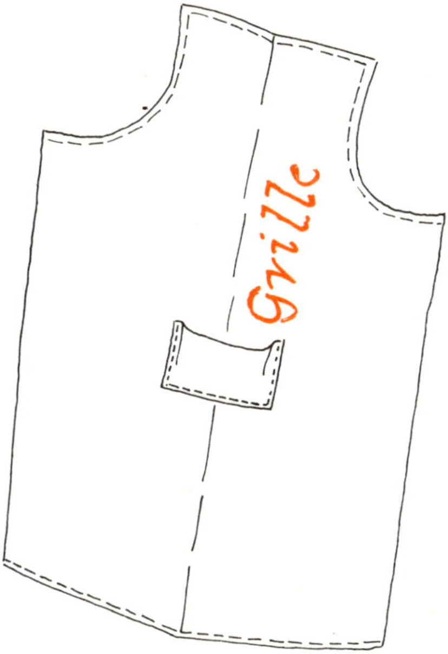
Grille

Grille

Krokodilwurfspiel

Viel Spaß wird dieses Spiel auf deiner Geburtstagsparty bringen. Von dir selbst angefertigt, wird es bestimmt viel Anerkennung finden.

Material:

1. ein viereckiger Karton
2, Plakafarben
3. Bälle

Ausführung:

Auf den Boden des viereckigen Kartons zeichnest du von außen zunächst die Konturen des Krokodilkopfes auf. Dann schneidest du mit einem Messer das Maul mit den Zähnen heraus.

Das Maul muß so groß sein, daß ein kleiner Ball hindurchpaßt.

Nun malst du das Gesicht aus. Den Deckel des Kartons klebst du zu.

Die in das Krokodil hineingeworfenen Bälle holst du jeweils mit der Hand aus dem Maul wieder heraus.

Viel Spaß!

Sonnenschild

So ein Sonnenschild ist modisch schick, schützt die Augen vor Sonne beim Sport und im Urlaub.

Mit etwas Geschick und vielleicht mit Hilfe deiner Mutter kannst du dieses Schild aus Frotteestoff, Gminder Leinen oder Jeansstoff (alte Hose) nähen.

Material:

1. ein Stück Stoff
2. ein Stück kräftige Astralon-Folie
3. breites Gummiband
4. aufbügelbare Visseline

Ausführung:

Du arbeitest zunächst für das Schild ein Papiermuster. Dann schneidest du das Schild einmal aus Astralon-Folie (Bastlergeschäft oder Druckerei) und zweimal aus Stoff mit ½ cm Nahtzugabe zu, heftest beide Stoffteile aufeinander (rechte Seite innen) und steppst den äußeren Bogen fest, wendest das Schild und bügelst es gut aus.

Dann schneidest du dir das Stirnband zu und bügelst hier ein Stück Visseline ein, steppst es auf die Öffnung des Schildes, wobei du die rechte Seite des Stirnbandes auf die obere Seite des Schildes annähen mußt. Jetzt schiebst du das Astralon-Schild ein und versäuberst und schließt die untere Öffnung mit der Hand.

In die beiden seitlichen Öffnungen des Stirnbandes setzt du nun ein für deine Kopfgröße abgemessenes, farblich zum Stoff passendes, breites Gummiband ein. Und nun viel Sonnenschein.

Du kannst dieses Muster durchpausen und auf ein gefaltetes Blatt legen und ausschneiden

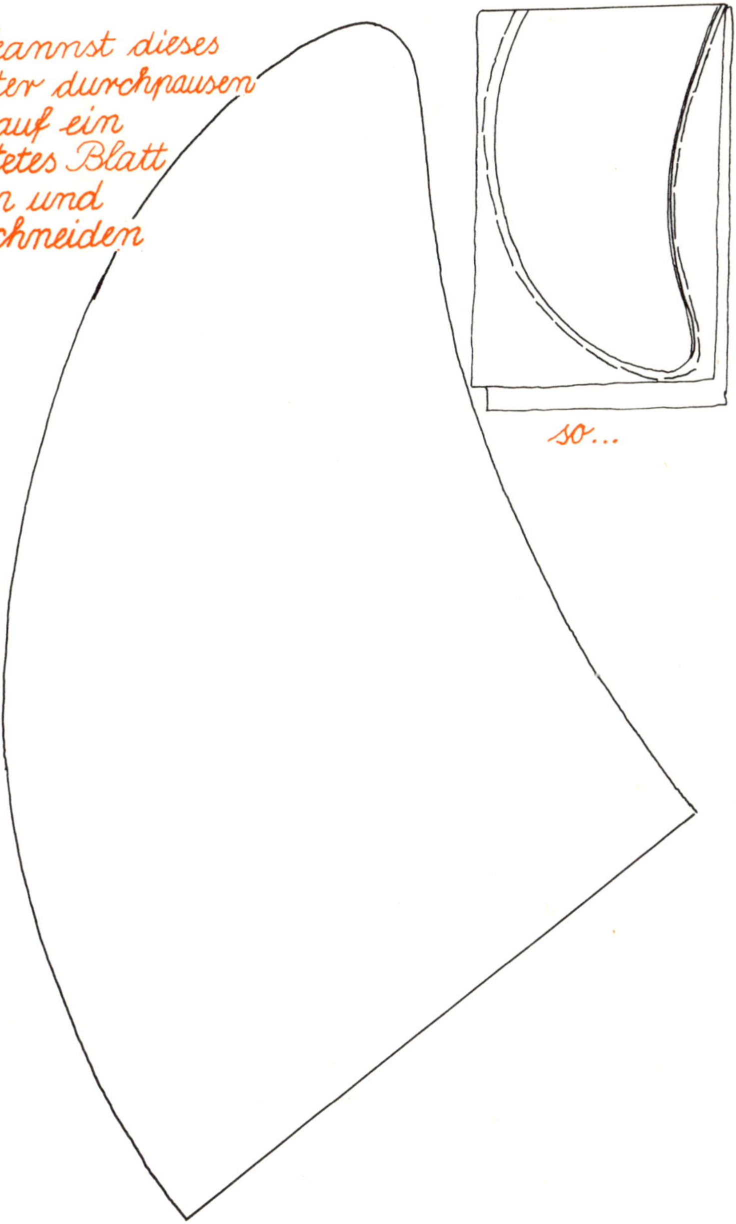

so...

„Stirnband"
ca. 35cm lang
mit
Nahtzugabe
insgesamt
ca. 10cm breit

Visseline
aufbügeln

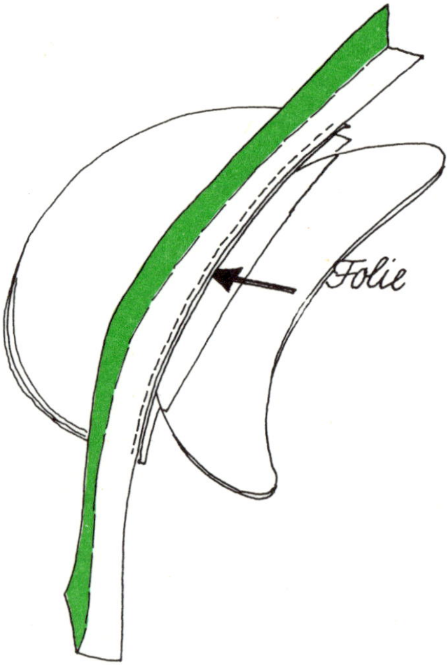
Folie

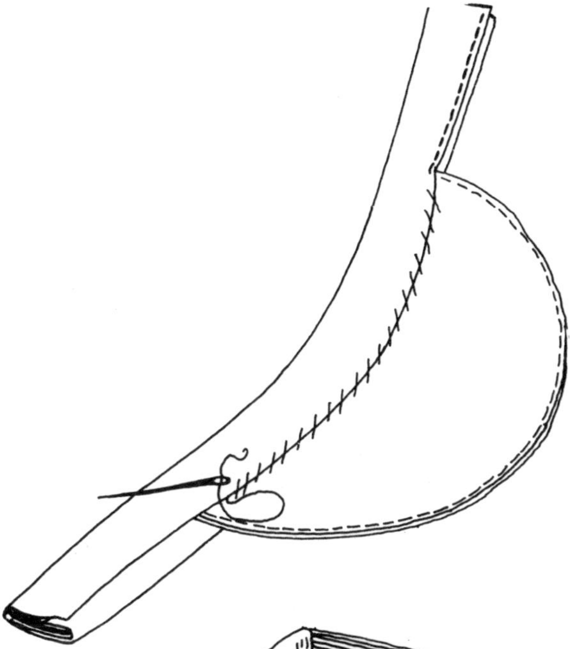

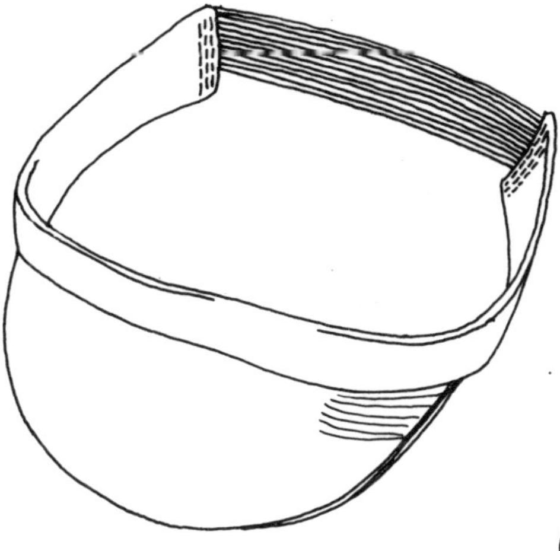

Badetasche

Nicht aus Wolle, Stoff oder Leder ist diese Badetasche gearbeitet.

Du schneidest aus einer einfachen bunten Plastiktüte, die du im Geschäft um die Ecke oder im Kaufhaus erhältst und die nach Gebrauch dann meist zum Abfall zählt, ca. 1 cm breite Streifen.

Aus diesen dünnen Streifen häkelst du deine Badetasche.

Material:

1. viele bunte Plastiktüten
2. eine Schere
3. eine Häkelnadel Gr. 5

Ausführung:

Zunächst entfernst du von den Plastiktüten die Traglaschen und schneidest gleichmäßige, dünne Streifen 1 cm breit, die du zu einem Knäuel aufwickelst.

Je bunter die Plastiktüten, je bunter wird die Badetasche.

Ein kleiner Tip: Das Material läßt sich besser verarbeiten, wenn du es vorher erwärmst.

Du häkelst zwei gleiche Quadrate oder zwei gleiche Rechtecke in festen Maschen. Die Größe kannst du selbst festlegen.

Dann schlägst du 12 Luftmaschen auf und häkelst einen ca. 1,40 m langen Streifen wieder in festen Luftmaschen.

Diesen Streifen häkelst du seitlich und am Boden der beiden Teile an, schließt den langen, schmalen Streifen und hast so gleich eine Schulterschlaufe.

Sollte dir die Schlaufe zu lang sein, verkürzt du sie einfach.

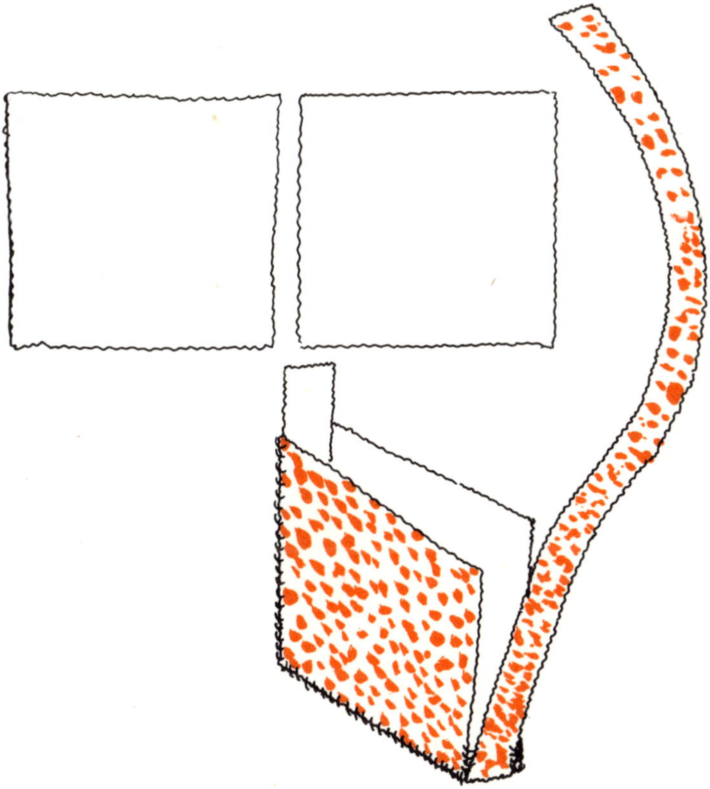

Bonbonkugel

Diese Bonbonkugel ist als lustiges Mitbringsel für jede Gelegenheit gedacht.

Material:

1. eine Styroporkugel, ⌀ 8 bis 10 cm
2. bunte Bonbons
3. Stecknadeln oder Kleber
4. farbiges Seidenband

Ausführung:

Im Bastlergeschäft besorgst du dir nach deiner Größenvorstellung eine Styroporkugel. Dann nimmst du buntverpackte Bonbons und heftest mit Stecknadeln die ganze Kugel damit zu.

Du kannst auch mit einem Tupfen Kleber an einem Ende des Bonbons die Kugel dicht bekleben. Achtung! Nicht jeder Kleber klebt auf Styropor. Nimm Ponal oder UHU-Stic o. a.

Zum Schluß befestigen wir noch ein hübsches Seidenband mit einer Tragschlaufe an die Kugel (s. Abb.).

Trommel

Mit wenig Aufwand und Arbeit kannst du eine Trommel für ein Kinderfest oder für die Karnevalsparty herstellen.

Material:

1. eine etwas größere Blechkonserve
2. Klebstreifen
3. Kordelband

Ausführung:

Nachdem du bei deinem Bäcker oder Lebensmittelhändler eine größere Blechdose bekommen hast, beginnst du mit dem Reinigen.

Du schlägst danach mit einem Nagel zwei gegenüberliegende Löcher in die Seitenwand über dem Boden.

Dann kannst du mit farbigen Klebstreifen oder anderen Motiven die Dose verzieren.

Durch die beiden Löcher ziehst du ein buntes Kordelband. Jetzt noch zwei kleine Holzlöffel, und das Instrument ist fertig.

Die Trommelstöcke kannst du dir auch selbst machen. Du kaufst zwei durchbohrte Holz- oder Korkkugeln und die dazu passenden Rundstäbe.

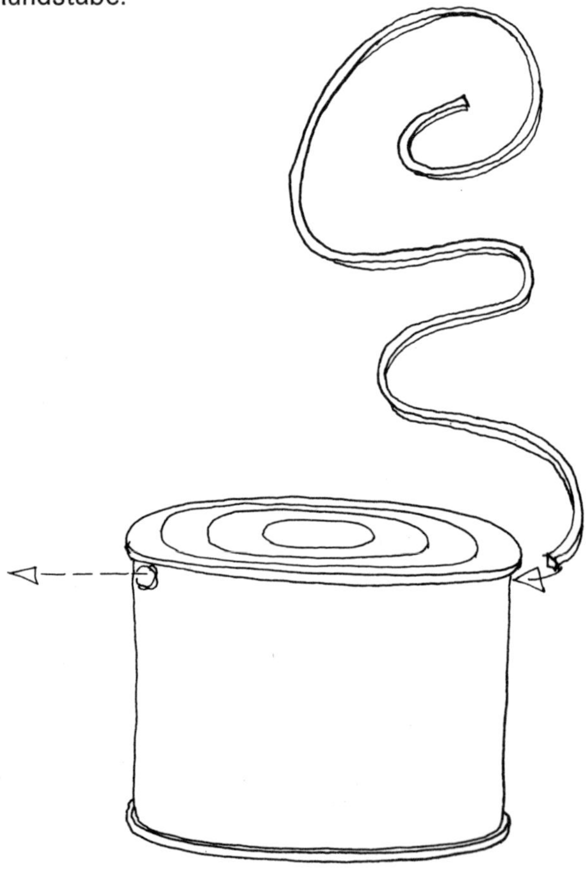

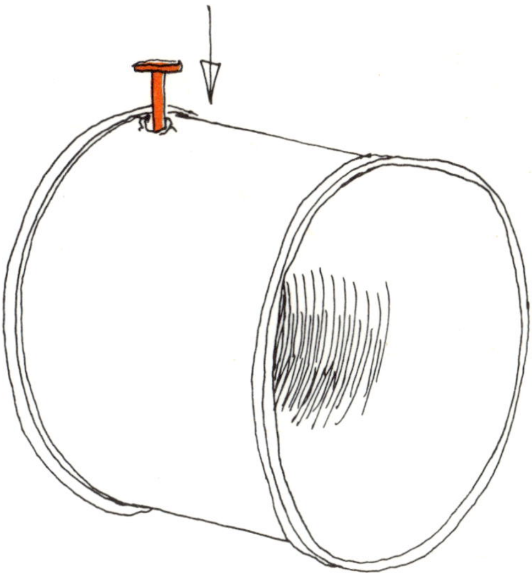

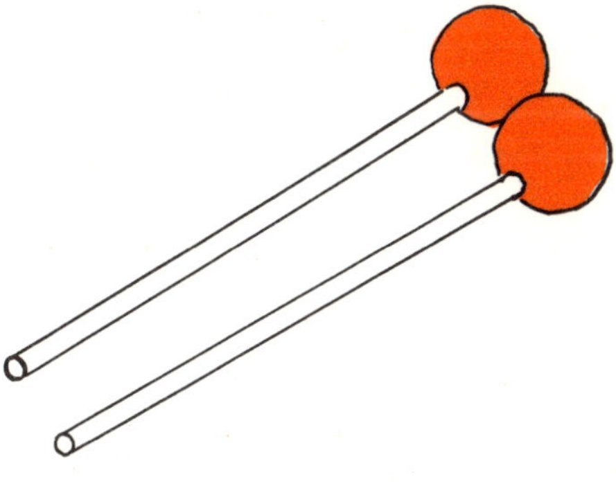

Sommerblumen

Papierblumen phantasievoll gestaltet, haben ihren besonderen Wert. Sie verwelken nie, und das Wassergießen kannst du ruhig vergessen.

Material:

1. farbige Kartons
2. kleine Kiefernzapfen
3. Blumendraht
4. Kleber

Ausführung:

Nach der gleichen Anleitung wie die Christrose auf Seite 177 kannst du diese bunte Papierblume arbeiten. Der Kiefernzapfen sollte nur etwas kleiner sein.

Auch hier klebst du die ausgeschnittenen Blütenblätter in den Zapfen. Schneide die Blütenblätter Ton in Ton, d. h. zu einem Dunkelblau nimm ein Hellblau. Nimm nie Kontrastfarben.

Verschiedene Anordnungen der Blüte zeigen dir die Abbildungen.

Am Stiel der Zapfen befestigst du einen 20 oder 30 cm langen Blumendraht.

Viele dieser Blumen geben einen naturgetreuen Strauß.

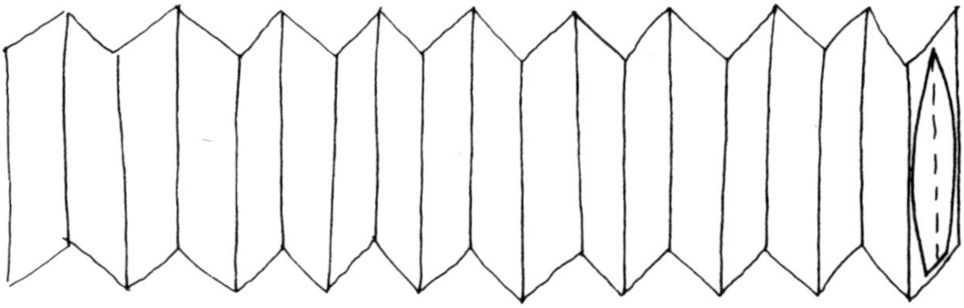

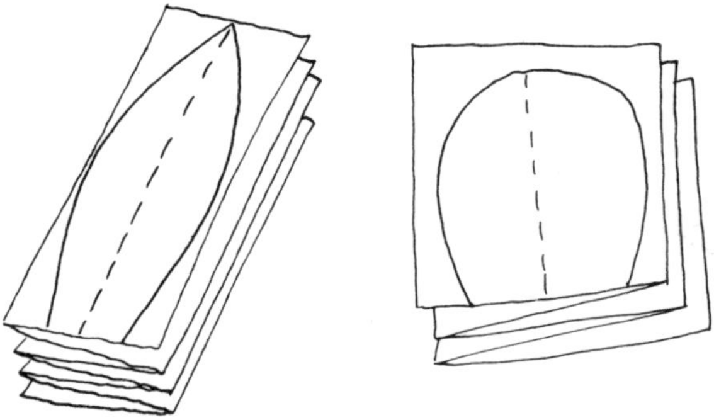

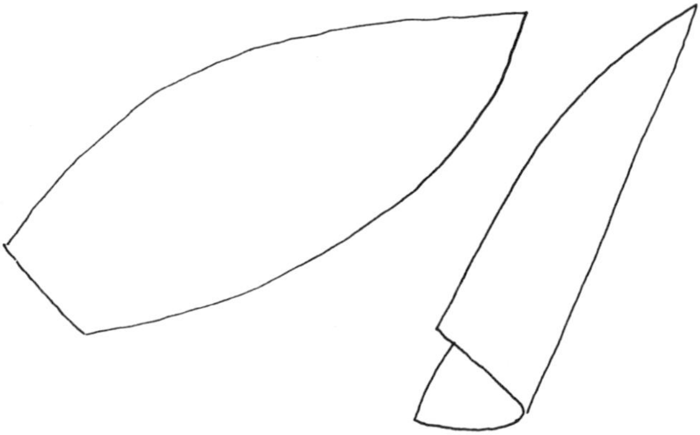

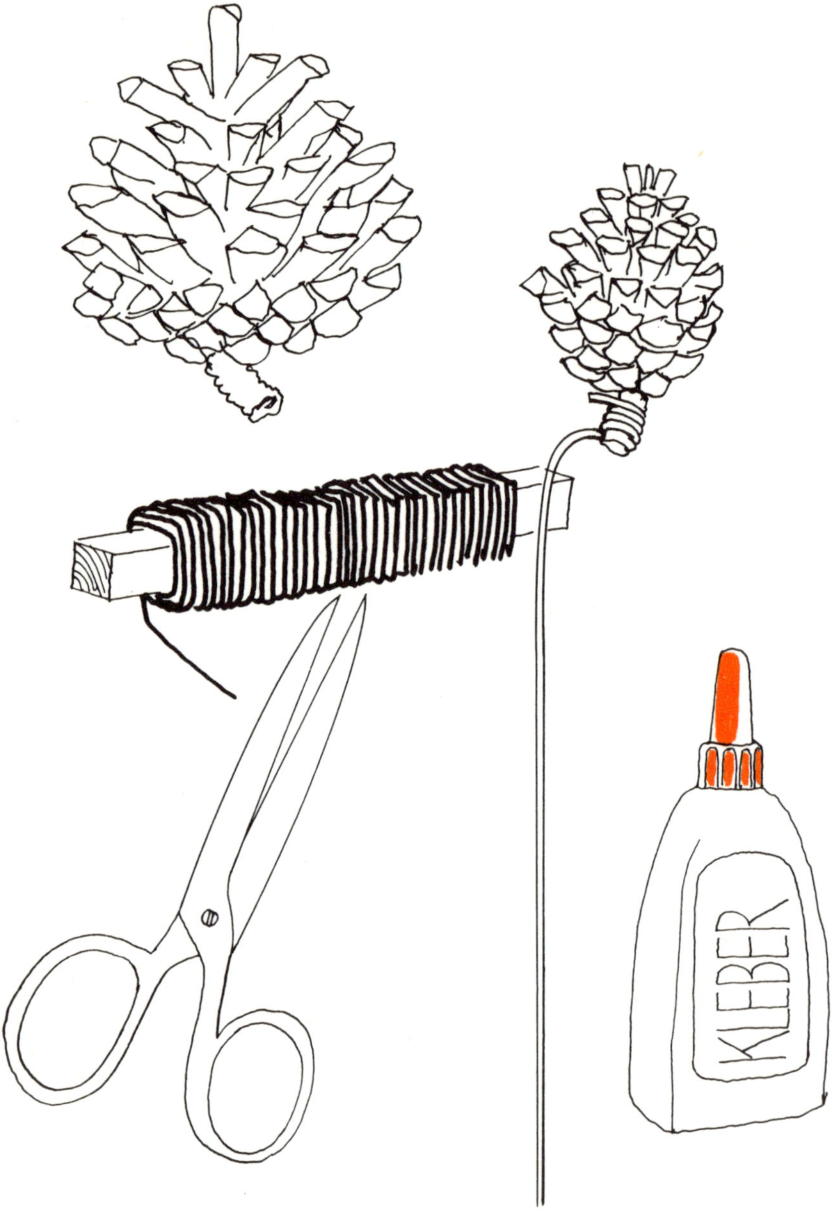
KLEBER

Wicken

Diese kleine Blüte aus Kreppapier läßt sich zu einem farbenprächtigen Blumenstrauß gruppieren. Du kannst sie auch in einer weißen Papiermanschette zu einem Biedermeiersträußchen ordnen.

Material:

1. verschiedene Farben Kreppapier
2. Silber- oder Kupferdraht
3. Kleber

Ausführung:

Du schlägst mit dem Zirkel einen Kreis von 7 cm ⌀ auf einen Karton und schneidest dir deine Musterblume.

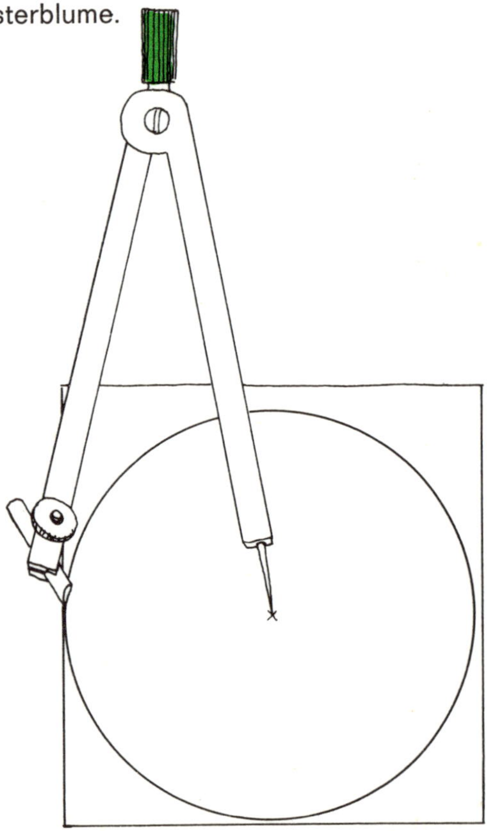

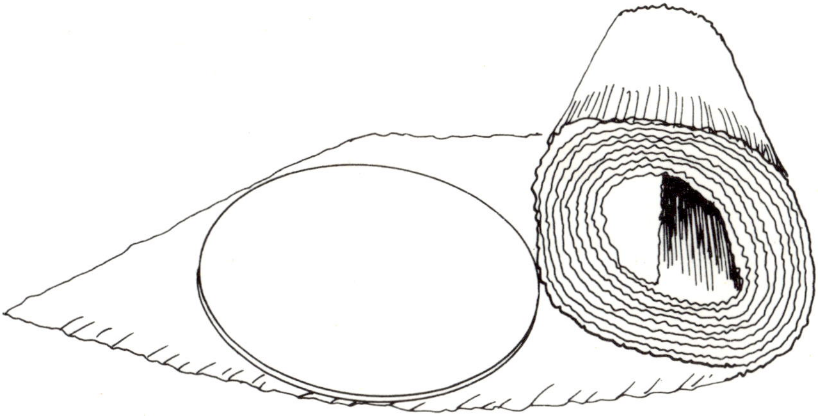

Mit diesem Muster zeichnest du auf das Kreppapier viele Kreise und schneidest sie mit der Schere aus. Dann dehnst du die einzelnen Blütenkreise mit den Daumen von der Mitte aus vorsichtig etwas auseinander. Die Blüte formt sich hierdurch leichter.

Nun drückst du in der Mitte eine Vertiefung, raffst das Papier zusammen und formst eine Blüte.

Von der Mitte aus drehst du einen ca. 1,5 cm langen Blütenansatz, den du mit einem Stück Silberdraht, ungefähr 20 cm lang, fest umwickelst. Diesen kleinen Blütenansatz kannst du noch mit einem Kreppstreifen in der gleichen Farbe der Blüte fest umwickeln und festkleben.

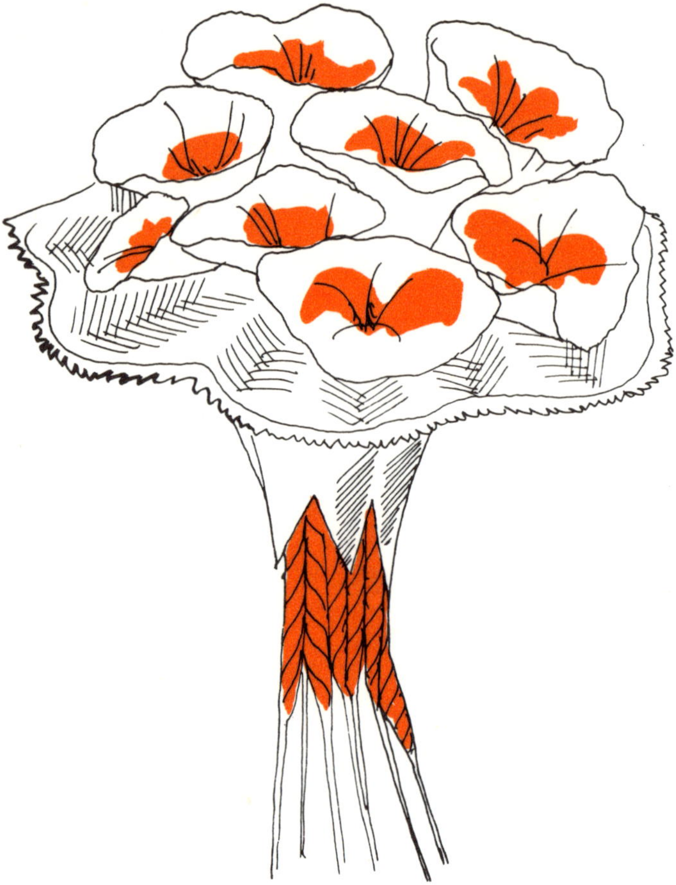

Lilien

Eine andere Art der Blütenherstellung ist das Falten.

Im Fachhandel kannst du hierfür geeignetes Faltpapier bekommen. Du kannst aber auch die buntbedruckten Geschenkpapiere benutzen. Diese Papiere sind hart und doch nicht zu spröde zum falten. Sie behalten gut ihre Form.

Je bunter das Papier, um so farbiger wird dein Blumenstrauß.

Material:

1. buntes Papier
2. festen Draht oder schöne trockene Zweige
3. Kleber

Ausführung:

Du schneidest dir nach der Zeichnung ein Papier und faltest daraus in vorgegebener Reihenfolge deine Blüten.

Die fertigen Blüten klebst du nun auf die Zweige oder auf den mit Kunststoff bezogenen Draht und ordnest sie zu einem Blumenstrauß.

Diese Blüten kannst du auch als Schmuck für Geschenkpäckchen verwenden. Bilde hierfür einen Kontrast zum Einwickelpapier.

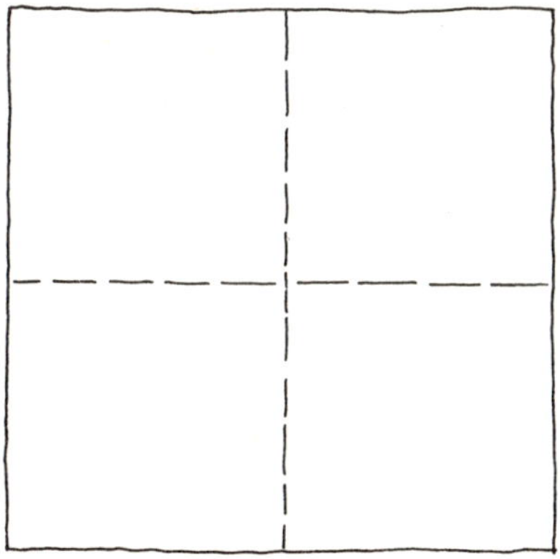

Erst kreuzweise,

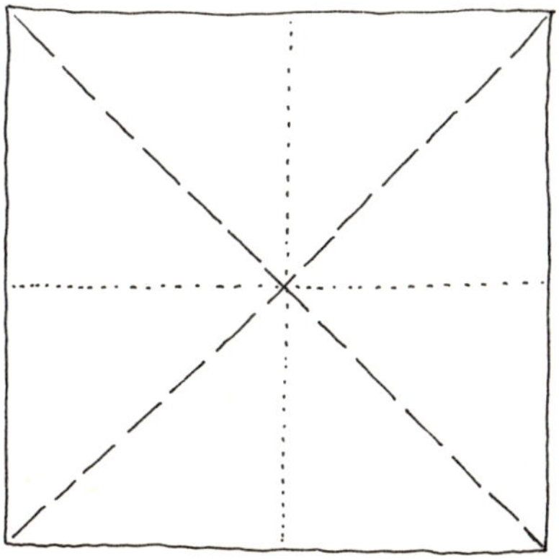

dann diagonal falten

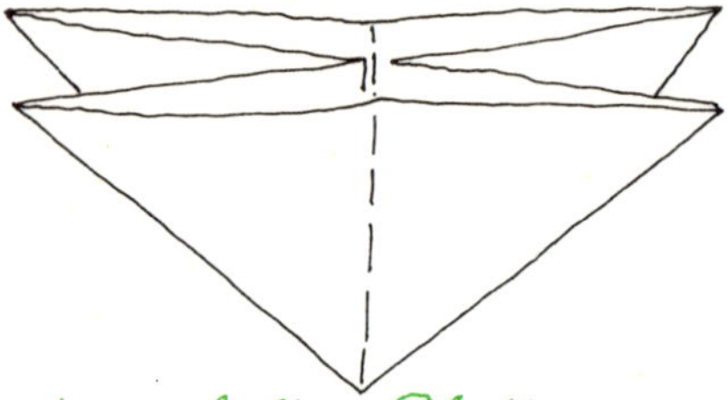

das gefaltete Blatt so zusammenfalten,

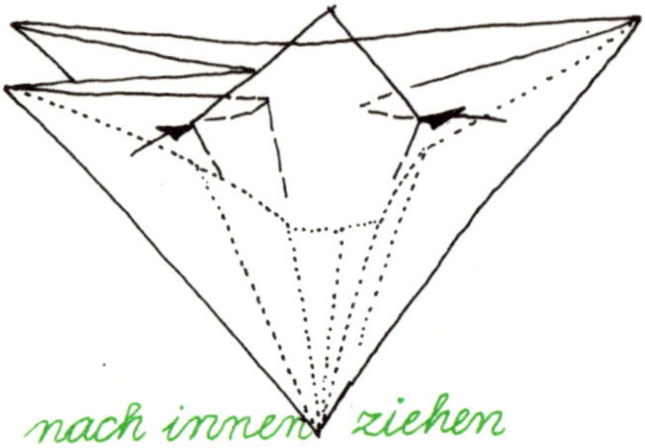

nach innen ziehen

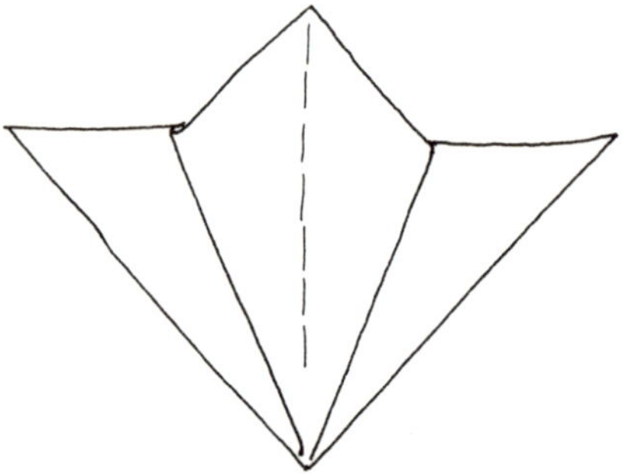

dann sieht die „Lilie" so aus,

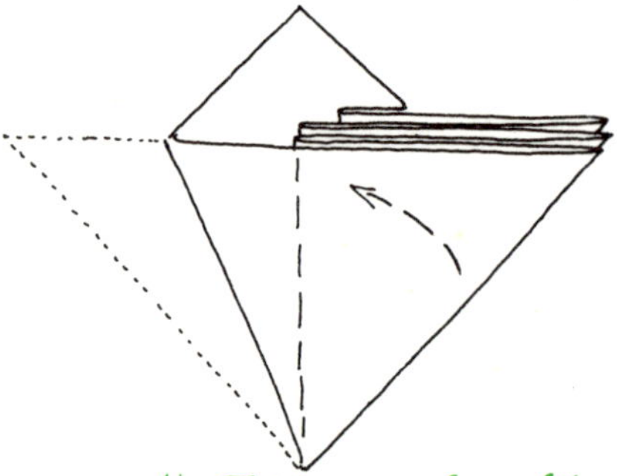

nun die Felder nach rechts und zurückfalten –

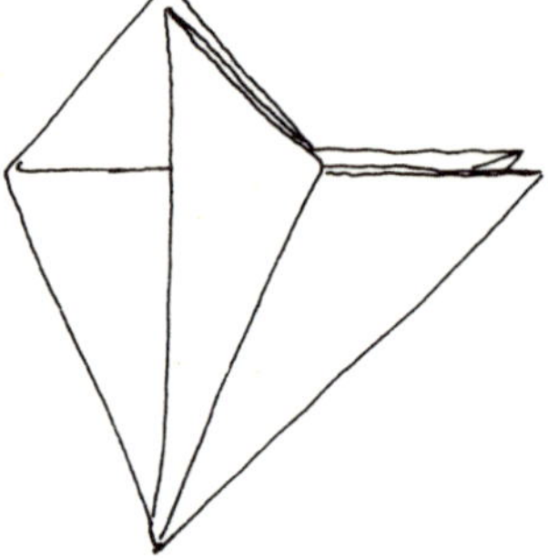

nach links – so;

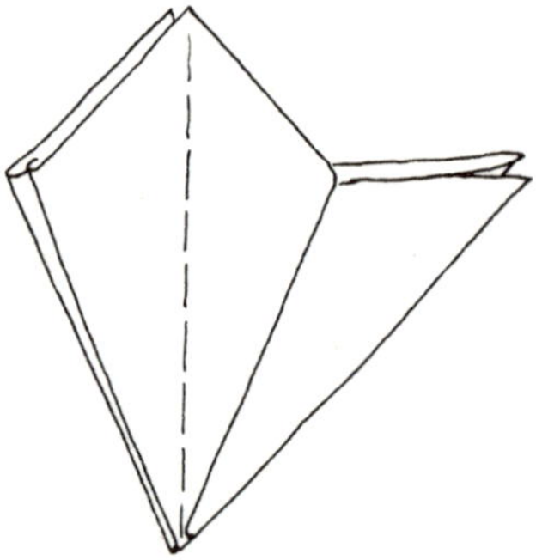

und wieder öffnen usw.

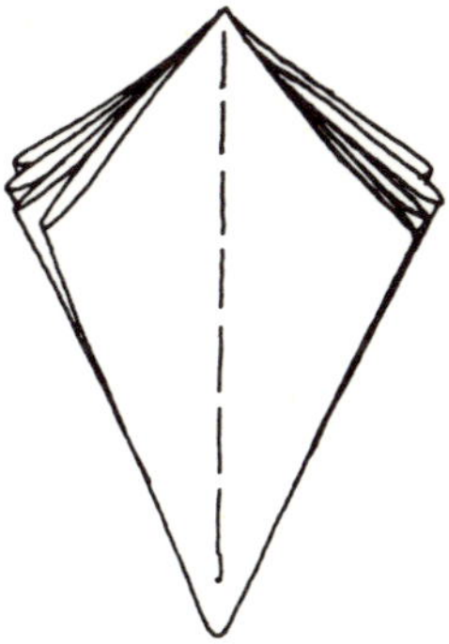

so sieht deine Lilie jetzt aus

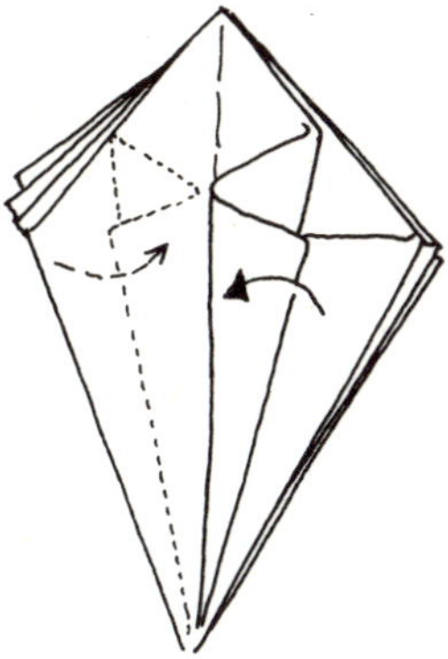

dann falte alle Blätter zur Mitte

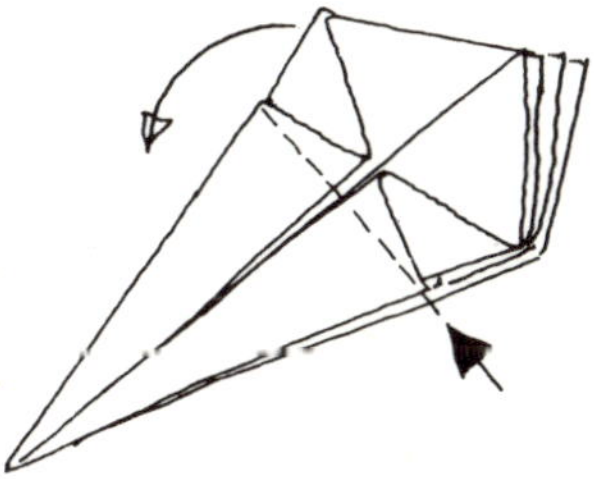

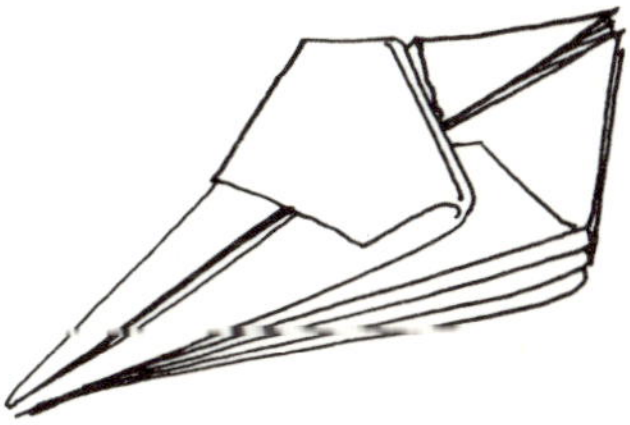

hast du es geschafft? Dann falte die Spitzen zurück

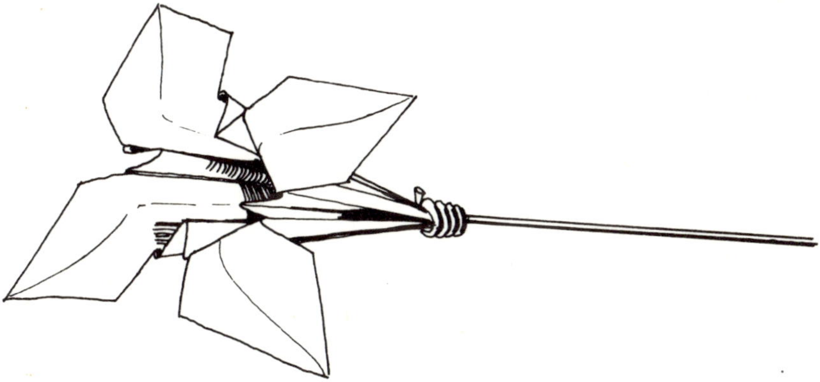

und deine Blüte ist fertig!

Stelzen

Selbstgefertigte Stelzen für Groß und Klein. Du benötigst nur 2 leere Konservendosen. Die Größe kannst du selbst bestimmen.

Material:

1. zwei leere stabile Konservendosen
2. feste Schnur

Ausführung:

Du schlägst mit einem Nagel von außen nach innen 2 gegenüberliegende Löcher am Bodenrand in die Dose. Dann ziehst du eine feste Schnur hindurch und knüpfst die beiden Enden zusammen, so daß eine Schlaufe entsteht. Fertig sind die Stelzen.

Kleine werden groß und Große werden größer.

Nun kann ein Wettlaufen beginnen.

Wenn du noch Farbe zur Hand hast, kannst du die Dosen bunt bemalen.

Viel Spaß!

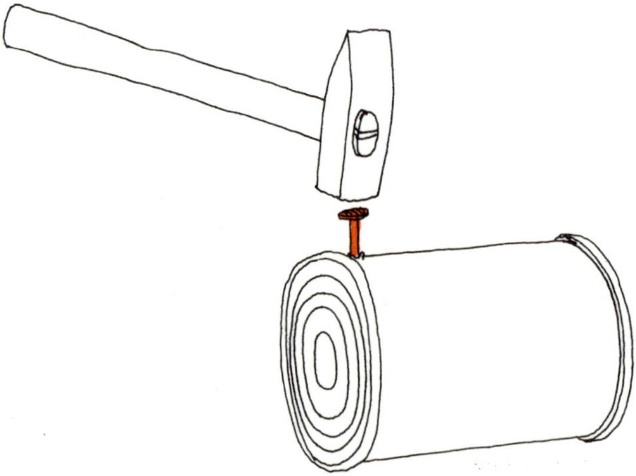

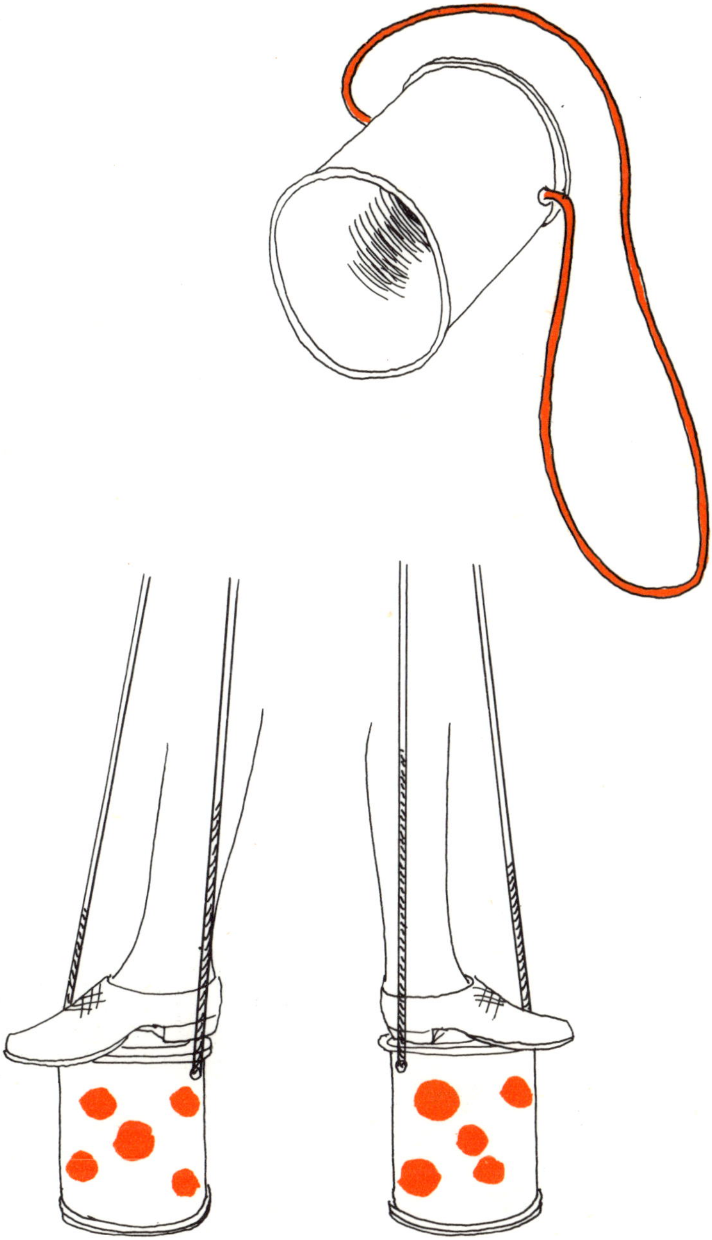

Häkel-Puppe

Ein besonders weiches, kuscheliges Püppchen zum Schmusen im Bettchen. Dieses gehäkelte Püppchen ist für die Kleinen.

Sehr dekorativ sieht diese Puppe auch in deinem Bücherregal aus.

Material:

1. ca. 50 g Wolle
2. Rest Wolle als Nebenfarbe
3. Häkelnadel Nr. 4

Ausführung:

Mit der Hauptfarbe schlägst du für das Bein 7 Luftmaschen auf und dann noch einmal 3 Luftmaschen für das erste Stäbchen. Nun beginnst du in die 7 Luftmaschen Stäbchen zu häkeln. In die letzte, 7. Luftmasche, 3 Stäbchen häkeln. Nun drehst du die Arbeit und häkelst über die Luftmaschen zurück. In die 7. Masche wieder 3 Stäbchen. Jetzt häkelst du in Runden weiter bis zu 10 Runden.

Ist das zweite Bein auch gearbeitet, häkelst du in Runden um beide Beine weiter. Nach 10 Runden überspringst du jedes 2. Stäbchen. Nach 12 Runden ist der Körper beendet.

Für den Kopf häkelst du in eine Luftmasche 8 Stäbchen. Du schließt den Kreis und häkelst nun in Runden weiter. Dabei in jedes Stäbchen der Vorrunde 2 Stäbchen häkeln. Weiter nimmst du verteilt bis auf 43 Stäbchen zu.

In der 8. Runde überspringst du alle 5 Stäbchen 1 Stäbchen. In der 9. Runde alle 4 Stäbchen, in der 10. Runde alle 3 und in der 11. Runde alle 2 Stäbchen 1 Stäbchen überspringen. Nach 12 Runden beendest du den Kopf.

Nun füllst du alle Teile mit Watte gut aus. Nähst Kopf und Arme an. Stickst Augen und Mund mit der Nebenfarbe auf.

Dann ziehst du mit einer Nadel ca. 15 cm lange Wollfäden mit der Nebenfarbe durch die Maschen des Kopfes (s. Abb.). Du kannst sie zu Zöpfen mit einer Schleife binden.

Eine andere Frisur kannst du arbeiten, indem du einen Faden ca. 6 cm lang faltest, und ihn mit der Häkelnadel durch die Maschen ziehst (s. Abb.). Die beiden Enden des Fadens ziehst du nun durch die entstandene Schlaufe (s. Abb.). So ziehst du Faden an Faden durch, so daß ein richtiger wuscheliger Kopf entsteht. Zum Schluß kannst du diese Frisur noch mit der Schere zurechtschneiden.

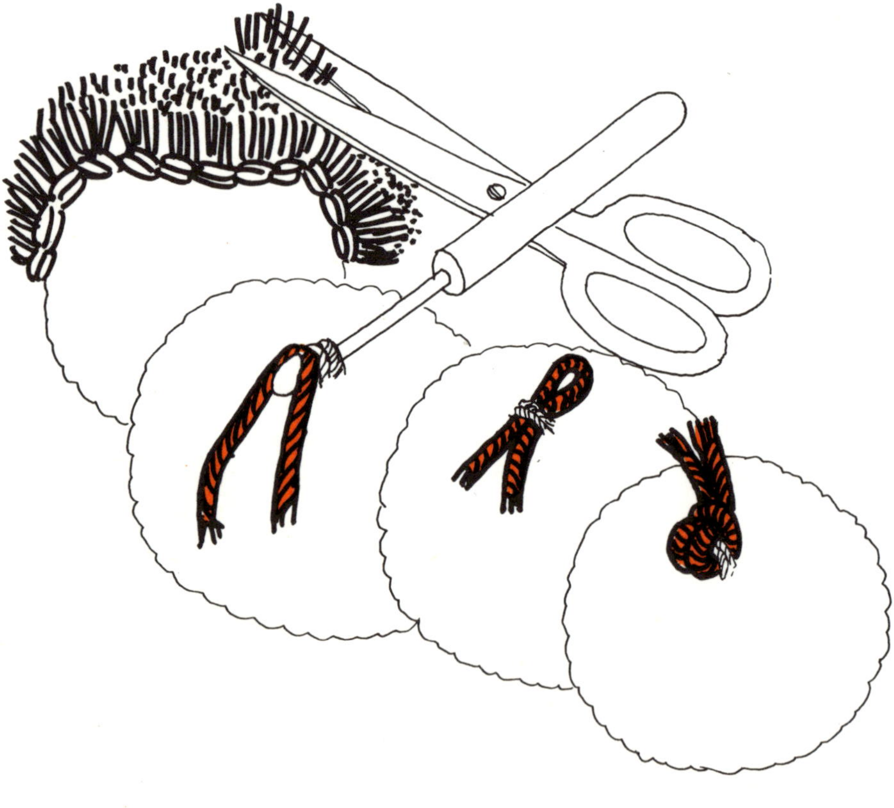

Frosch

Dieser Frosch ist nicht kalt, springt nicht und klettert auch nicht umher.

Du kannst ihn ruhig mit ins Bett nehmen.

Material:

1. Stoffreste
2. Perlen oder Knöpfe
3. Reis oder Korn

Ausführung:

Zunächst schneidest du dir nach der Abbildung ein Papiermuster. Dann schneidest du das Muster zweimal aus Stoff zu.

Noch hübscher wird der Frosch, wenn du für die Unterseite einen andersfarbigen (unifarbenen) Stoff nimmst. Die ausgeschnittenen Teile heftest du aufeinander (wobei die rechte Seite innen liegt) und nähst sie bis auf eine kleine Öffnung zwischen den Beinen fest. Nun wendest du den Frosch und füllst ihn mit Reis oder Korn. Dann schließt du mit einem festen Stich die Öffnung und nähst als Augen zwei kräftig leuchtende Perlen oder Knöpfe auf.

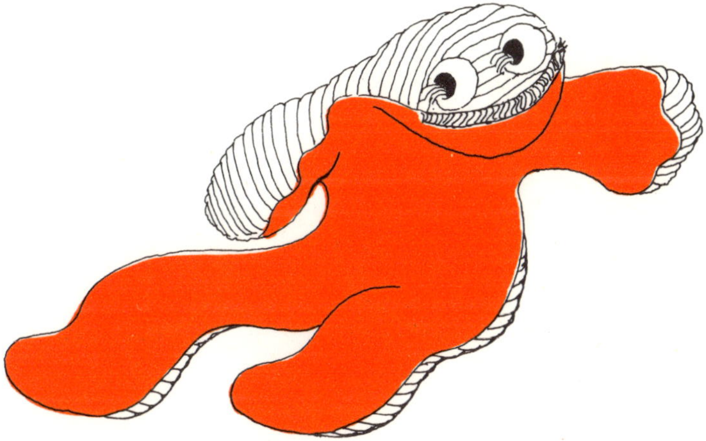

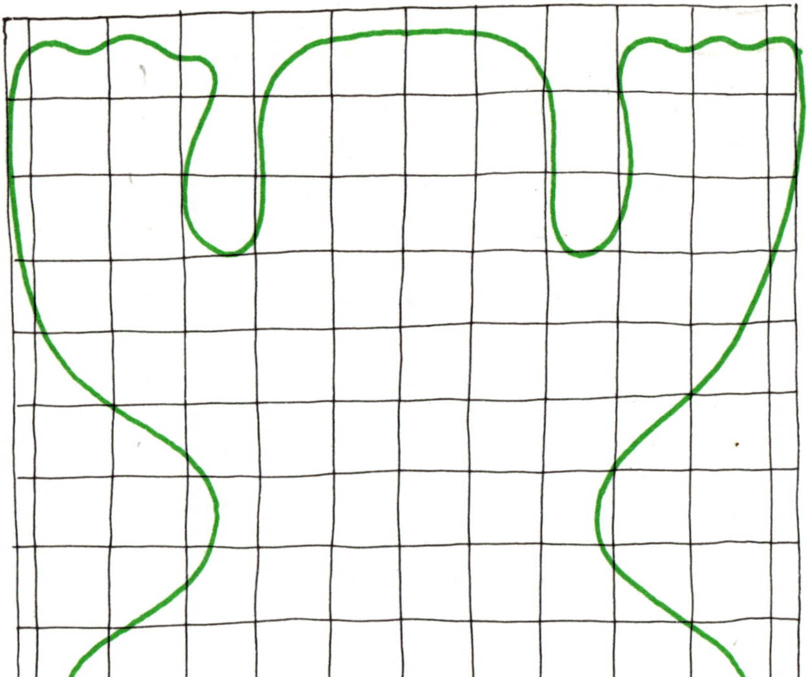

Ein Quadrat = 2×2 cm

Handpuppen

Handpuppen, Tiere (Enten, Krokodile, Frösche und auch andere Wesen) nach deiner eigenen Phantasie kannst du für ein Kasperletheater, aus alten Strümpfen, herrichten.

Material:

1. alte Strümpfe (Frotteesocken)
2. Pappe
3. Kleber
4. Wolle, Knöpfe, Perlen, Filz, Zackenlitze, Borden

Ausführung:

Du brauchst einen alten Socken, besonders gut eignet sich eine farbige Frotteesocke.

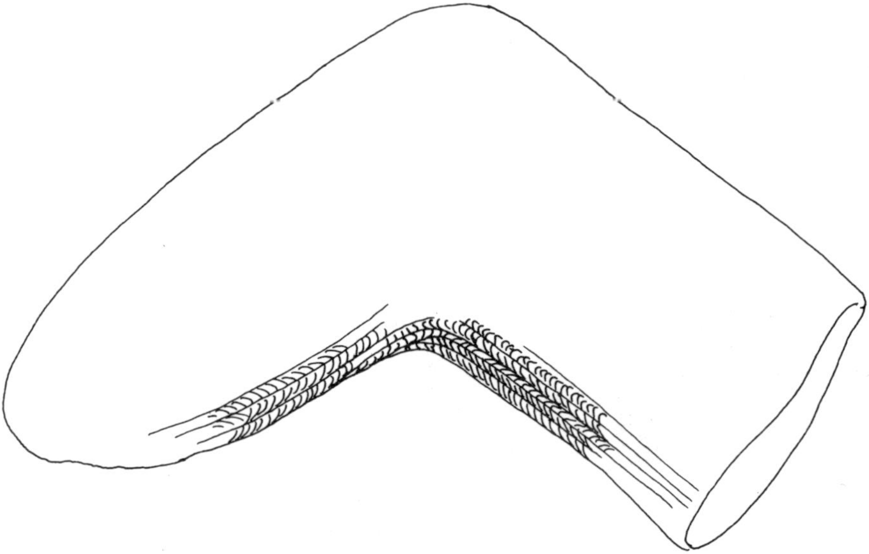

Dann nimmst du einen runden Bierdeckel oder ein oval ausgeschnittenes Stück feste Pappe (s. Abb.), faltest ihn oder es in der

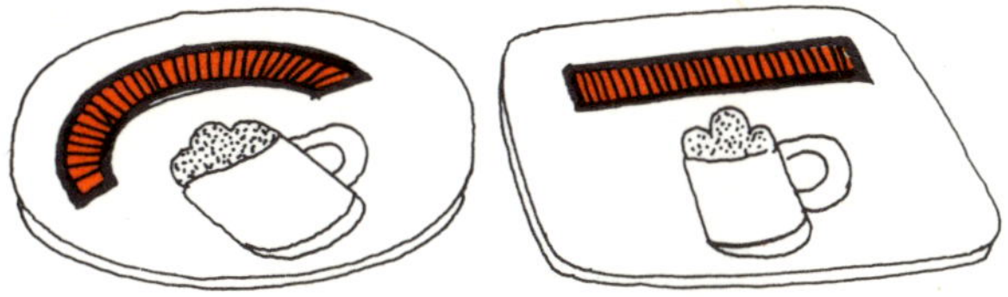

Mitte und klebst diese in der Spitze des Strumpfes fest, so daß ein Maul oder eine Schnauze entsteht.

Die Augen kannst du dann mit Knöpfen oder leuchtenden Perlen aufnähen.

Haare ersetzt du durch Wollfäden, Pelzreste oder auch Schafswolle. Deiner Phantasie sind da keine Grenzen gesetzt.

Die Zähne für ein Krokodil kannst du z. B. aus weißer Zackenlitze einnähen.

Den gezahnten Krokodilsrücken klebst du aus einem hierzu passend geschnittenen Filzstreifen auf.

Als Anregung habe ich dir einige Tiere aufgezeichnet.

Kuschelkissen

Mit diesen kuscheligen Kissen schläft es sich besonders gut. Sie sind einfach aus Stoffresten oder abgelegten Kleiderstücken herzustellen.

Material:

1. Stoffreste oder abgelegte Kleidungsstücke
2. Zacken-Litzen, Borden, Perlen, Knöpfe, Stickgarn, Wolle, Filz
3. Kleber
4. Schaumstoffflocken

Ausführung:

Die Größe deines Kissens richtet sich nach den Maßen deiner Stoffreste. Der Durchmesser sollte aber zwischen 40 und 50 cm liegen. Am besten eignen sich flauschige, weiche Stoffe.

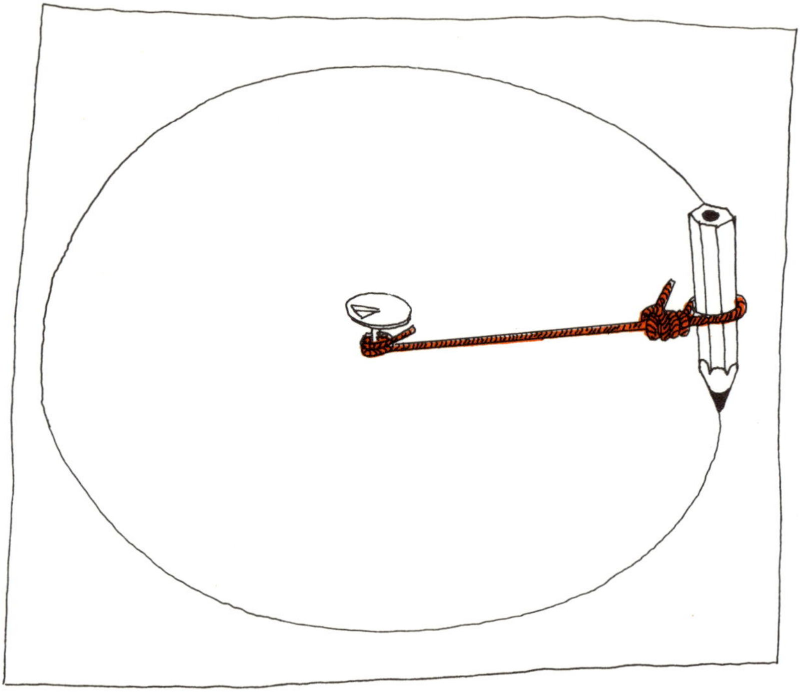

Dein Schnittmuster fertigst du so an:

Du nimmst einen Heftzweck, drückst ihn mit einem Faden in die Mitte des Papieres. Die Länge des Fadens muß die Hälfte deiner Kissengröße haben. Am Ende des Fadens befestigst du einen Bleistift und schlägst nun den Kreis (s. Abb.).

Nachdem du das Schnittmuster angefertigt hast, schneidest du den Stoff zweimal zu, heftest die Kissenteile aufeinander (rechte Seite innen), steppst sie bis auf eine Öffnung zu und wendest das Kissen auf rechts. Dann füllst du es mit Schaumstoffflocken und nähst die Öffnung zu.

Nun mußt du dich entscheiden, wie dein Kissen aussehen soll. Durch Aufkleben oder Aufsticken kannst du das Kissen in eine Katze, einen Clown, eine Sonne, einen Hund, eine Eule oder auch einen Fisch usw. verwandeln.

In den abgebildeten Zeichnungen habe ich dir einige Anregungen gegeben.

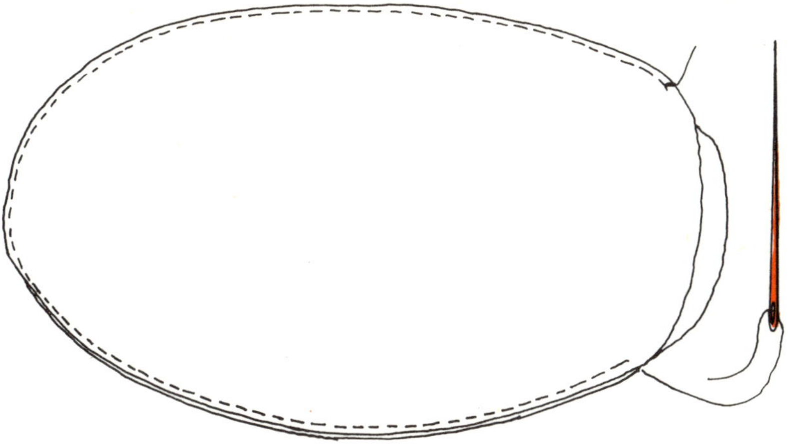

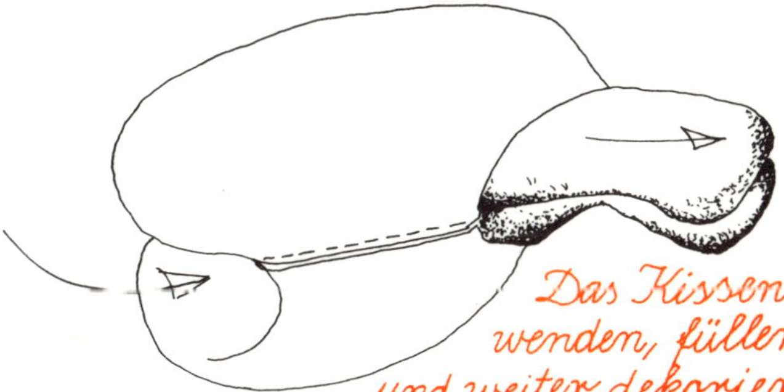

Das Kissen wenden, füllen und weiter dekorieren

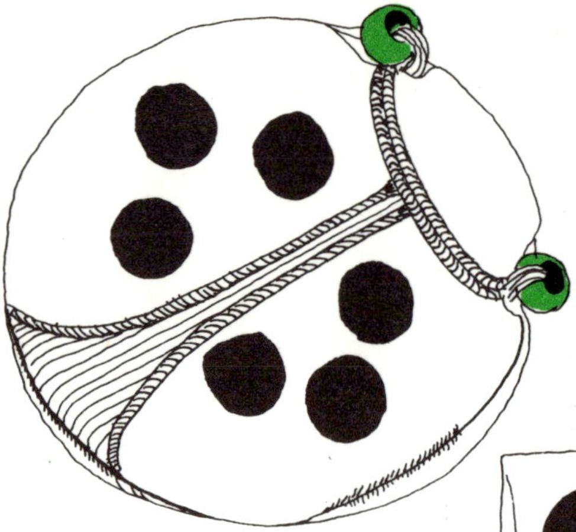

Bücherwurm

Für alle Leseratten einen Bücherwurm.

Material:

1. 5 Stricknadeln Nr. 3
2. viele bunte Wollreste
3. Schaumgummi
4. ein Stück roter oder schwarzer Filz

Ausführung:

Du kannst selbst entscheiden, wie dick dein Bücherwurm werden soll. Vielleicht machst du erst eine Aufschlagprobe.

Nachdem du die Menge der Maschen gefunden hast, beginnst du mit den bunten Wollresten einen Wurm von ca. 1,50 m zu stricken.

Den Kopf des Wurmes arbeitest du wie bei einem Fausthandschuh und zwar: Am Ende der Nadel die dritt- und zweitletzte Masche zusammenstricken, die letzte Masche rechts stricken. Am Anfang der nächsten Nadel, die erste Masche wieder rechts stricken und die zweite und dritte Masche durch Überziehen abnehmen. Dies machst du an der gegenüberliegenden Seite und in jeder neuen Runde genau so, bis zu einer Spitzenbreite von ungefähr 4 cm. Hier nimmst du nun die Maschen ab und vernähst den Faden.

Du beginnst mit dem Füllen. Hier bieten sich verschiedene Möglichkeiten an. Einmal Schaumstoffflocken oder auch eine dünne Schaumgummiplatte, die du dicht zusammenrollst und mit Tesafilm zusammenhältst. Vorne schneidest du die Rolle zum Kopf passend etwas spitz zu. Dann ziehst du den gestrickten Wurm langsam über die Schaumgummirolle.

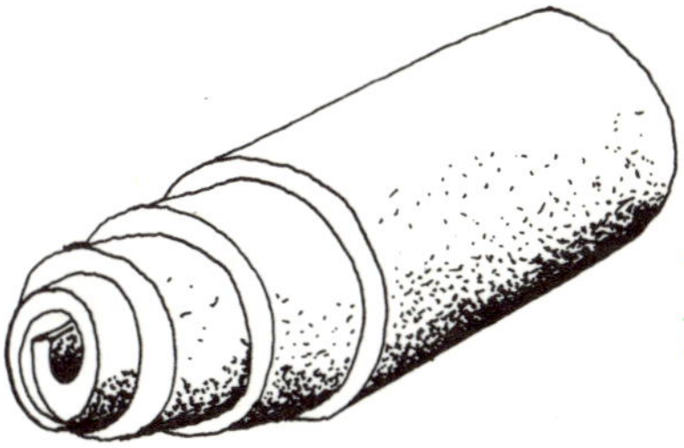

z.B.
Schaumgummi
für den Kopf

Die untere Öffnung schließt du mit einem runden Filzläppchen.

Zu unserem Wurm gehören natürlich auch eine Zunge und die Augen. Diese kannst du aus rotem oder schwarzem Filz schneiden und aufkleben.

Deckchen, handgewebt

Einfach und schnell kannst du einen Teppich für deine Puppenstube oder ein hübsches Deckchen für dein Zimmer oder auch zum Verschenken weben.

Material:

1. eine feste Pappe
2. Wollreste
3. eine dicke lange Nadel

Ausführung:

Du nimmst ein Stück feste Pappe (Größe Din A 5) und schneidest an beiden gegenüberliegenden Schmalseiten mit einem scharfen Messer in Abständen von ca. 3 mm, 5 mm tiefe Kerben ein. Nun beginnst du die Pappe mit einem Wollfaden fest zu bespannen (s. Abb.). Jetzt fädelst du einen nicht zu langen Faden ein und beginnst mit dem Weben. Sollte der Faden für ein Durchziehen nicht mehr reichen, läßt du ihn an der Seite hängen und beginnst mit einem neuen Faden. Diesen Faden kannst du zum Schluß vernähen.

Damit das Gewebe dicht wird, schiebst du hin und wieder mit einem groben Kamm das Gewebe zusammen.

Wenn der Teppich oder das Deckchen fertig ist, schneidest du auf der Rückseite der Pappe die gespannten Fäden in der Mitte durch und ziehst sie aus den Kerben heraus. Nach deiner eigenen Phantasie kannst du nun die Fäden noch verknüpfen.

Wenn du einen karierten Teppich oder ein kariertes Deckchen haben möchtest, bespannst du die Pappe mit verschiedenfarbigen Wollfäden und ziehst auch verschiedenfarbige Wollfäden durch.

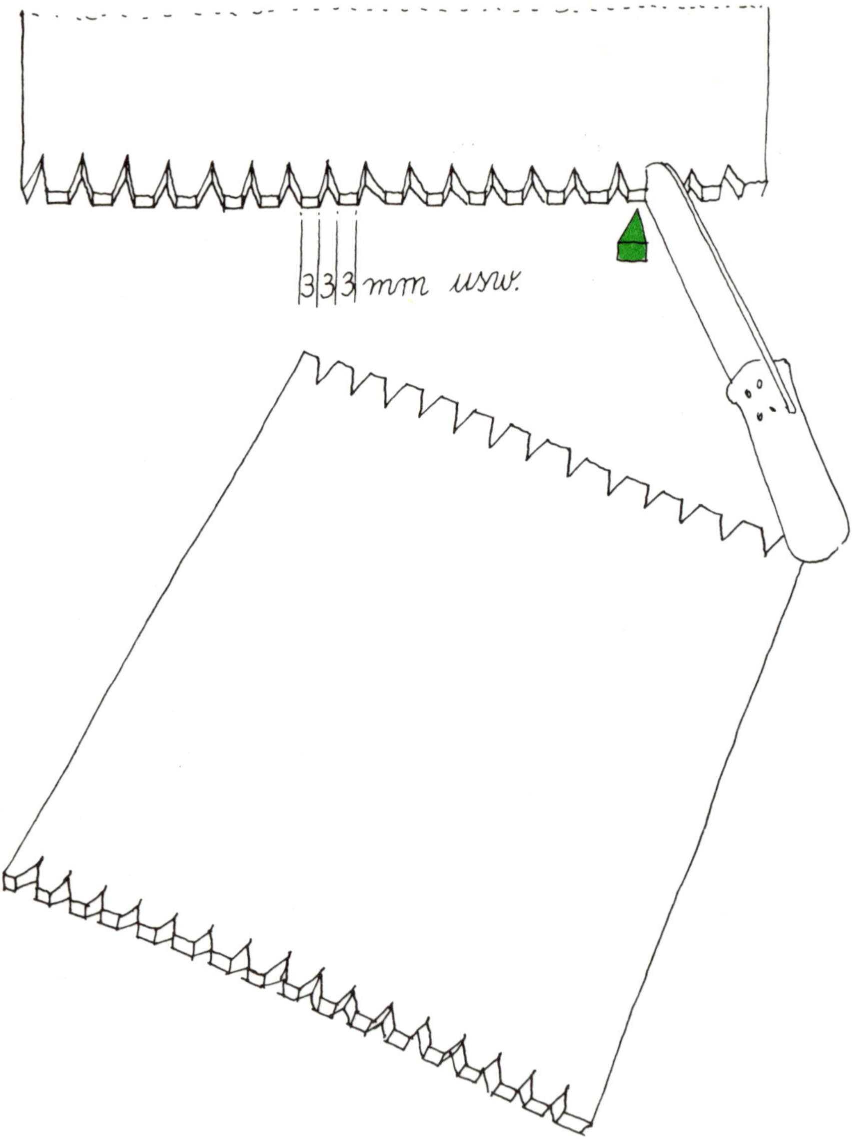
3 3 3 mm usw.

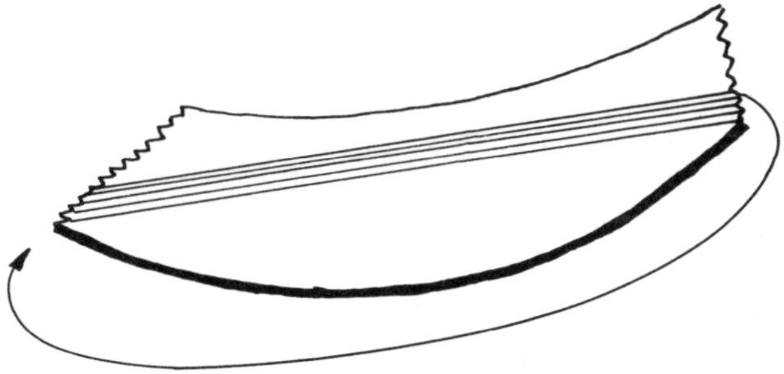

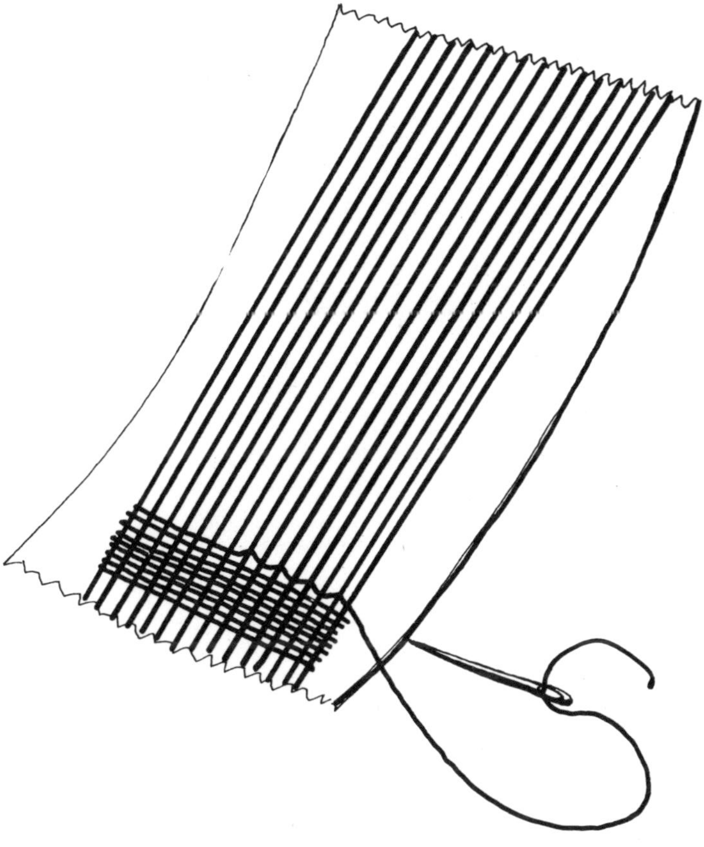

Platzdeckchen aus Holzspan (Sets)

Ein schönes Geschenk sind diese Sets aus Holzspan.

Sollte dein Taschengeld für ein größeres Geschenk nicht mehr ausreichen, so sind diese Platzdeckchen geradezu ideal. Für wenig Geld kannst du natur- oder braunfarbige Holzfurniere im Bastlergeschäft erwerben.

Material:

1. Holzspan, ca. 2 cm breit
2. Kleber oder Hefter

Ausführung:

Für die Deckchengröße von ca. 30 x 40 cm schneidest du 15 Streifen 40 cm lang und 20 Streifen 30 cm lang.

Für ein Deckchen benötigst du 12 m Holzspan.

Diese Streifen werden verwebt wie es die Zeichnungen zeigen. Die Enden kannst du verkleben oder mit einem Heftapparat heften.

Als Steckgrund für Blumenbilder eignet sich diese geflochtene Matte ebenfalls.

Besonders schön wirken Strohblumen, getrocknete Gräser, Kolben, Disteln usw.

alle Streifen in einer Richtung
erst auf einer Unterlage festheften!

Die Blumen trocknest du selbst, oder du erhältst sie in einer Gärtnerei oder im Bastlergeschäft.

Mit einem guten Kleber ordnest du die Blumen zu einem Gesteck, mit einem angeklebten Aufhänger ist es ein Wandschmuck.

Flicktonne – Basteltonne

Diese Flick- oder Basteltonne ist praktisch, und du kannst vieles darin verstecken.

Material:

1. eine leere Waschmitteltonne
2. Stoff-, Filzreste und Borden
3. Kleber

Ausführung:

Du nimmst einen hübschen Stoff und schneidest ihn für die Größe der Trommel zu. Dann bestreichst du die Waschmitteltonne mit einem guten Kleber, z. B. Ponal und klebst nun den Stoff auf. An den Traggriffen schneidest du den Stoff ein. Von innen kannst du die Trommel auf die gleiche Art bekleben. An der oberen und unte-

ren Kante legst du den Stoff um und klebst ihn dann an. Für die Bodenplatte schneidest du einen runden Kreis in der Größe der Trommel und klebst ihn ebenfalls ein.

Um noch mehr Sachen unterbringen zu können, nähst du aus dem gleichen oder andersfarbigen Stoff Taschen in Größe von 20 x 23 cm, säumst die Öffnung und nähst die Taschen etwas gekräuselt an den Trommelrand an.

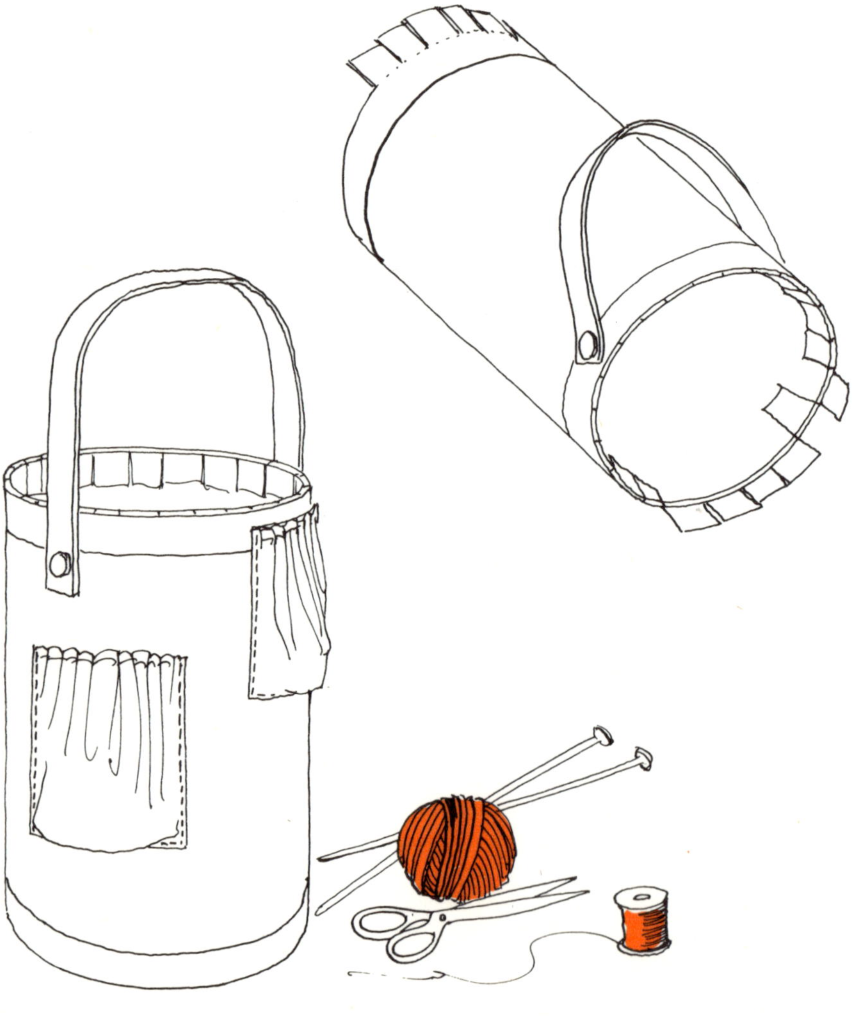

Papierkorb

Dies ist ein nützlicher Gegenstand, den du für dich und auch als Geschenk für andere schnell arbeiten kannst.

Material:

1. eine leere Waschmitteltonne
2. ein Stück d-c-fix-Velour
3. Borde
4. Kleber

Ausführung:

Für deine leere Waschmitteltonne besorgst du dir in einem Fachgeschäft ein Stück einfarbigen d-c-fix-Velour und schneidest es genau und passend zu. Nun legst du die Trommel quer auf den Boden und ziehst dir genau senkrecht eine Linie von der Öffnung

bis zum Boden. Achte darauf, daß der d-c-fix-Streifen glatt und winkelig abgeschnitten wurde. Diese glatte Seite setzt du nun an die Bleistiftlinie. Natürlich hast du vorher das Schutzpapier von der Folie ein wenig abgezogen. Nun rollst du die Tonne langsam weiter und ziehst dabei gleichmäßig das Schutzpapier ab. Dabei muß die Folie gut angedrückt werden. Das Ende der Folie muß noch ein Stück, ca. 2 cm, über den Ansatz gehen.

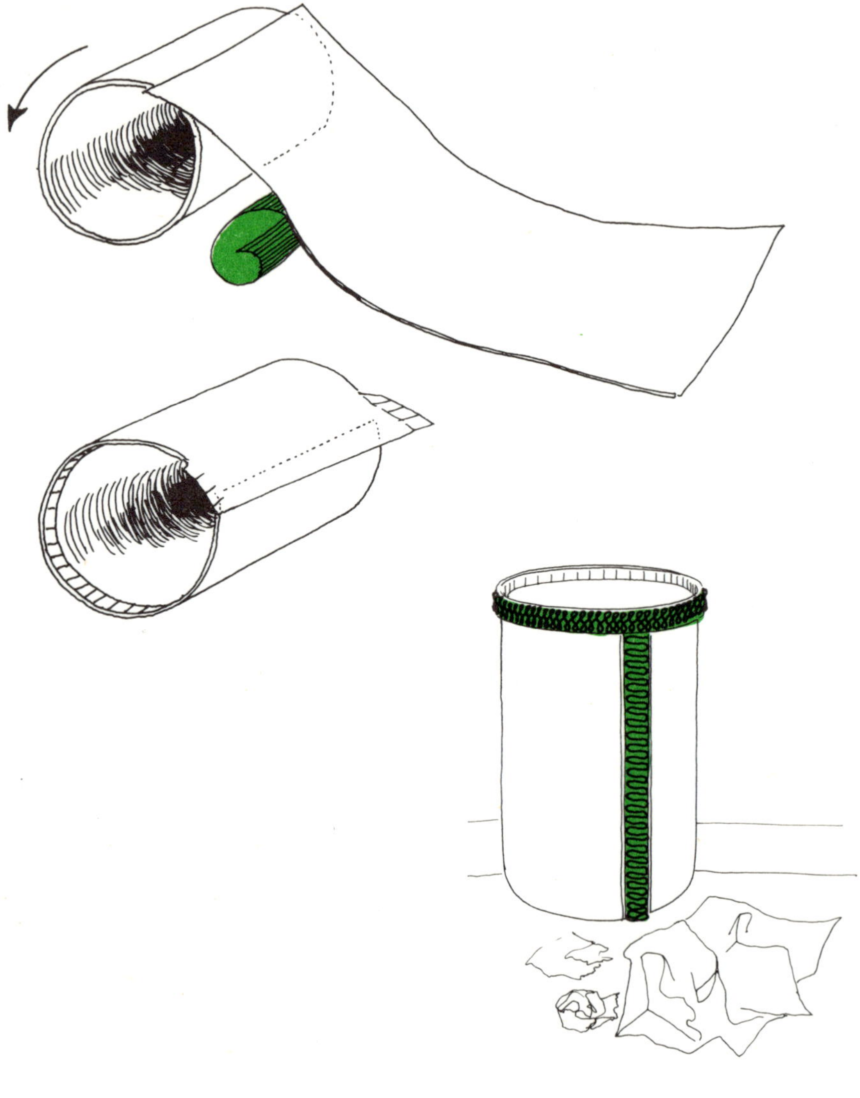

Die obere und untere Kante der Tonne kannst du durch das Aufkleben einer hübschen Brokat- oder Wollborde versäubern. Die gleiche Borde kannst du auch über die lange Naht der Tonne kleben. Gutes Gelingen.

Dekorationsglocke

Nach gleicher Arbeitsvorlage wie die Kerzenständer auf Seite 157 kannst du eine hübsche Dekorationsglocke für dein Zimmer oder auch als Geschenk arbeiten.

Material:

1. Tonblumentopf
2. Plakafarben
3. dicke Sisalschnur
4. eine Holzkugel 2 bis 3 cm ⌀, durchbohrt
5. bunte Borde

Ausführung:

Du bemalst wieder einen kleinen Tonblumentopf mit einer leuchtenden Farbe. Nach dem Trocknen verzierst du den Rand mit hübschen Motiven oder einer Borde. Dann läßt du eine dicke Sisalschnur durch die Bodenöffnung, knotest an das untere Ende der Schnur eine durchbohrte Holzkugel von ca. 2 bis 3 cm ⌀. Einen zweiten Knoten machst du nun am oberen Stück der Schnur über dem Boden des Blumentopfes, so daß die Holzkugel beim Bewegen der Schnur den inneren Rand des Topfes berührt und so ein Glockenton entsteht.

In das obere Ende der Schnur kannst du noch eine Schlaufe zum Aufhängen knoten.

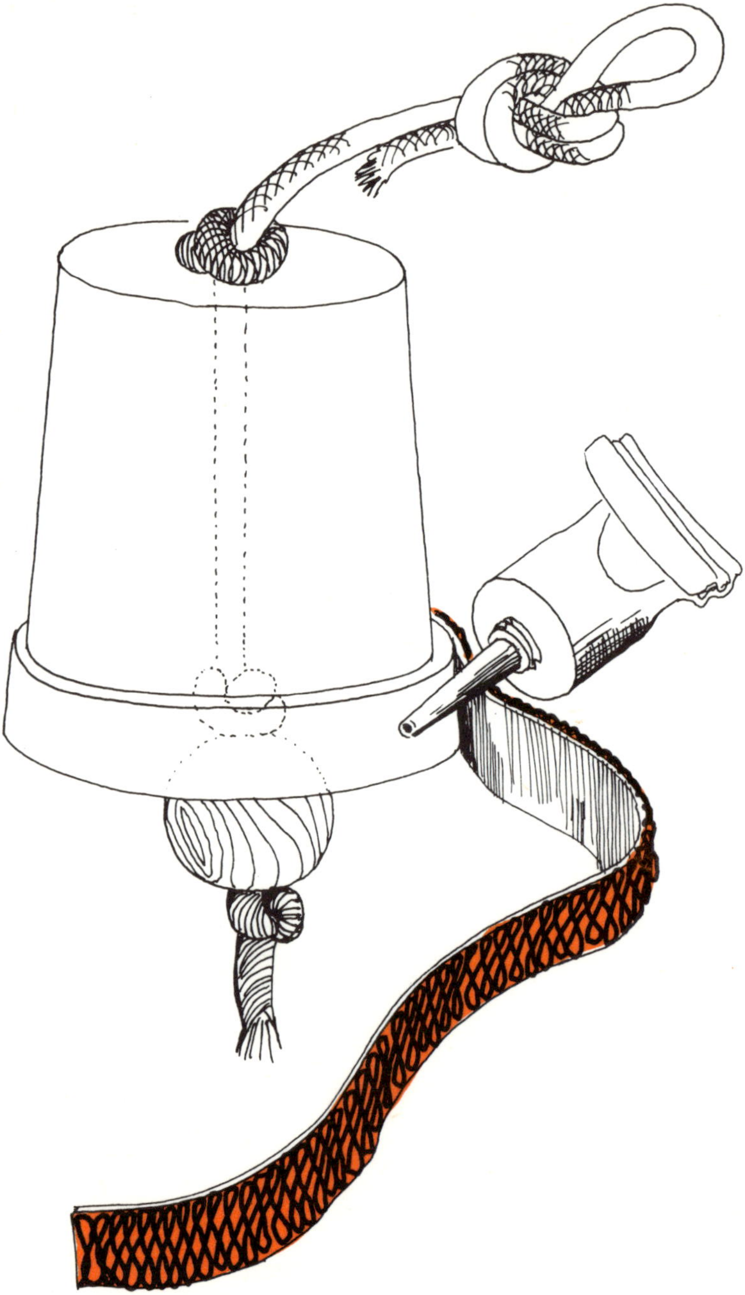

Kerzenhalter

Mit etwas Geschick lassen sich aus zwei kleinen Tonblumentöpfen leicht und schnell Kerzenhalter herstellen, die du für viele Anlässe passend herrichten und bemalen kannst.

Material:

1. zwei Tonblumentöpfe, ca. 6 cm hoch
2. Plakafarben
3. Pinsel

Ausführung:

Du kaufst dir zwei kleine Tonblumentöpfe wie man sie für kleine Kakteen benötigt. Vielleicht findest du auch in eurem Haushaltskeller ein paar ausrangierte passende Blumentöpfe. Diese säuberst du zunächst gut. Dann klebst du die Unterseiten mit Klebstoff aufeinander (Abb.).

Nachdem der Klebstoff getrocknet ist, kannst du mit dem Bemalen beginnen.

Zunächst grundierst du mit Plakafarben die Töpfe. Dann malst du mit einem Pinsel die entsprechenden Motive auf. Du kannst diese auch direkt auf den rohen Tonblumentopf mit Plakafarbe aufmalen und danach mit Klarlack überziehen.

Eine andere Möglichkeit bietet sich noch an, indem du eine hübsche Borde auf den Rand des Blumentopfes aufklebst.

Mobile

Ein Mobile erfreut uns das ganze Jahr hindurch. Es ist ein hübscher Zimmerschmuck und der kleinste Windhauch bringt es in Bewegung.

Material:

1. Silber- oder Kupferdraht
2. weißer Zwirn, Heftzweck

Ausführung:

Aus einem ca. 1,10 m langen Stück Silber- oder Kupferdraht drehst du eine Spirale und befestigst diese bis zur Fertigstellung mit einem angeknoteten Zwirnsfaden und Heftzweck in einen Türrahmen. Erst wenn du alle Teile mit einem Faden an der Spirale angeknüpft hast, kannst du dein Mobile abnehmen und an seinen endgültigen Platz aufhängen.

Interessante Mobilefiguren sind: Fische aus Holzfurnier und Strohengel.

Material:

1. helles und dunkles Holzfurnier
2. naturfarbige Strohhalme
3. Kleber

Ausführung:

Du schneidest dir aus dem Holzfurnier, daß du dir in einem Bastelgeschäft oder aus einer Schreinerei besorgt hast, die abgebildeten Teile aus. Damit der Fisch lebhafter wirkt, klebst du ihn aus einem hellen und aus einem dunklen Holzfurnierteil zusammen.

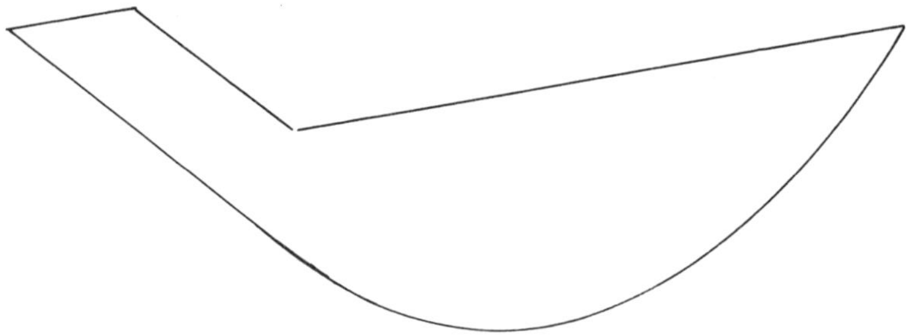

Ein Stück Faden, den du ja später zum Aufhängen deines Fisches brauchst, klebst du sofort zwischen die beiden Körperteile.

Die Zahl der Fische, die du aufhängen willst, überlaß ich dir.

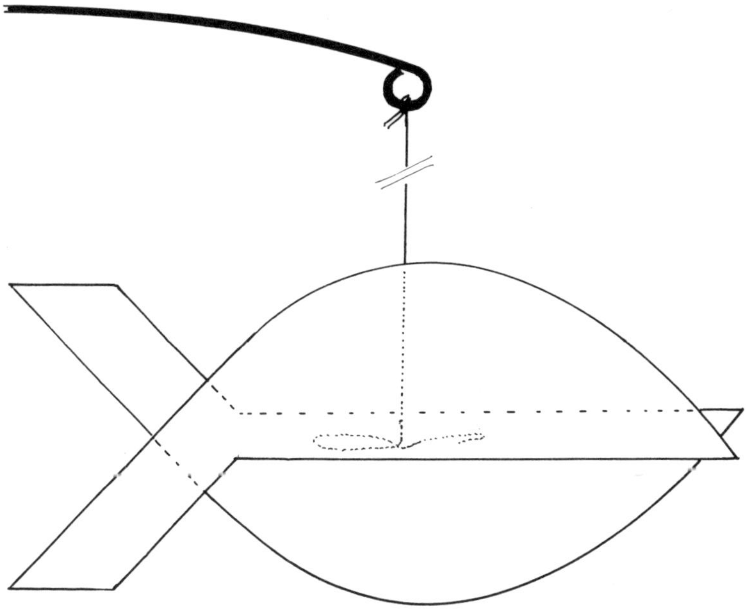

Die Engel kannst du verschieden ausarbeiten. Die Grundform ist bei allen Engeln gleich.

Bevor du mit dem Arbeiten beginnst, weichst du die Strohhalme in Wasser ein. Sie lassen sich dann besser verarbeiten. Dann teilst du sie mit einem scharfen Messer und bügelst sie mit einem nicht zu heißen Bügeleisen flach.

Für den Kopf und für die Flügel schlitzt du den Strohhalm nur auf und bügelst ihn ebenfalls.

Klebe jetzt aus einem ca. 15 cm langen Strohstreifen einen Ring. Mit Hilfe einer Büroklammer oder einer Haarnadel kannst du ihn nach dem Zusammenkleben trocknen lassen.

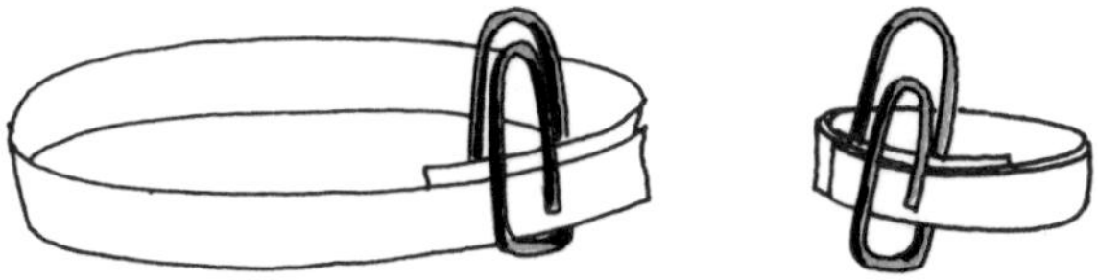

An diesen Ring klebst du an die Innenseite in Abständen von ca. 5 bis 10 mm Streifen in Länge von 8,5 cm. Diese faßt du oben mit einem kleinen Ring von ca. 5 cm Länge eng zusammen und läßt sie wieder mit Hilfe einer Klammer gut trocknen.

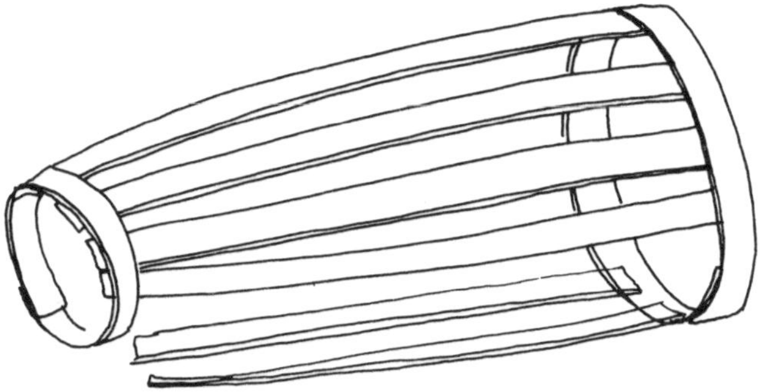

Die Arme schneidest du aus einem 11 cm langen Strohstreifen und klebst ihn so weit um den kleinen Ring, daß sich beide Arme nach vorne biegen (s. Abb.).

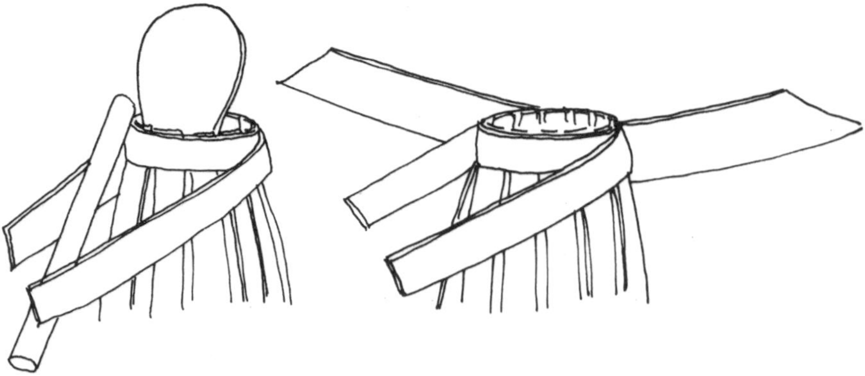

Den Kopf und die Flügel schneidest du nach der Abbildung aus den breiteren Strohhalmen. Den Kopf klebst du dann vorne hinter den kleinen Ring ein. Die Flügel bringst du so an (s. Abb.).

Nun kannst du deine Engel noch in Musikanten verwandeln, indem du ihnen Musikinstrumente zwischen die Arme klebst (s. Abb.).

Den Faden zum Befestigen der Engel an dein Mobile knotest du an den kleinen Rand hinter den Kopf. Die Engel knotest du in optisch gleichen Abständen an die Spirale. Damit der Engel nicht verrutscht, setzt du auf den Knoten noch einen Tropfen Kleber.

An dieser Spirale lassen sich auch bunte Ostereier (s. Seite 54), Schwalben (s. Seite 51) und die Folienengel (s. Seite185) anbringen.

Mobile aus Strohhalmen

Ein hübsches Windspiel ist dieses Mobile aus Strohhalmen und bunten Holz- oder Glasperlen.
Es ist leicht herzustellen.

Material:

1. naturfarbige Strohhalme
2. bunte Holz- oder Glasperlen
3. ein fester Faden

Ausführung:

Du nimmst einen festen, langen Faden. Mit einer Perle verknotest du den Anfang des Fadens. Nun steckst du im Wechsel einen Strohhalm und eine Perle auf, bis du eine Länge von ca. 45 bis 50 cm hast.
Am Ende des Fadens machst du eine kleine Öse und befestigst mit einem Heftzweck das Mobile an der Zimmerdecke.

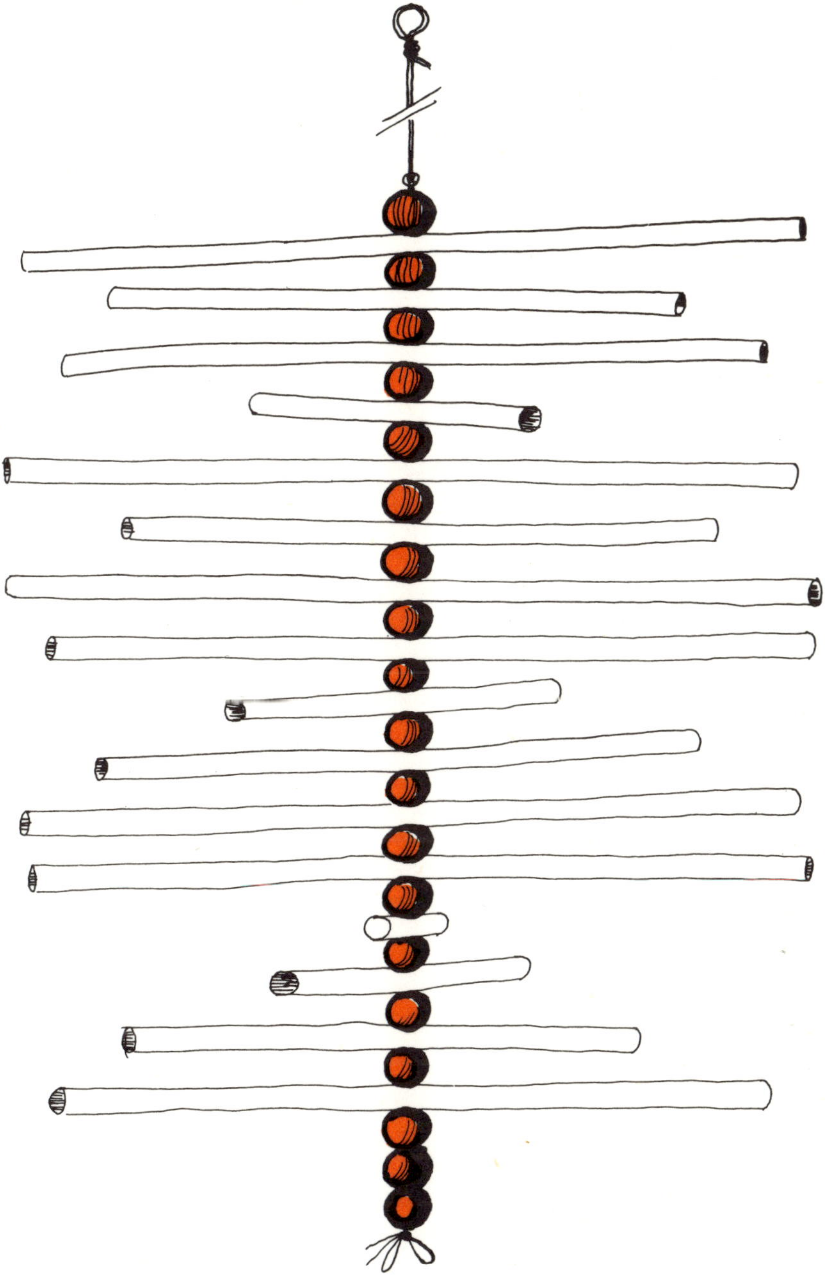

Laternen selbst gehämmert

Aus einer leeren Konservendose, die du oft bei deiner Mutter in der Küche findest, läßt sich eine hübsche Laterne basteln. Sie hat den Vorteil, daß sie nicht verbrennen kann.

Material:

1. eine leere Konservendose
2. dicker, langer Nagel, Hammer
3. Draht
4. Laternenstock

Ausführung:

Du nimmst einen dicken, langen Nagel und schlägst mit einem Hammer ein hübsches Muster in die leere Konservendose ein.

Wenn du die Dose auf einen Holzpfahl setzt, kannst du sie leichter bearbeiten.

Als Dorn für die Kerze kannst du einen Pappnagel in die Mitte des Bodens von außen einschlagen.

Zum Schluß befestigst du am oberen Dosenrand einen Drahtbügel.

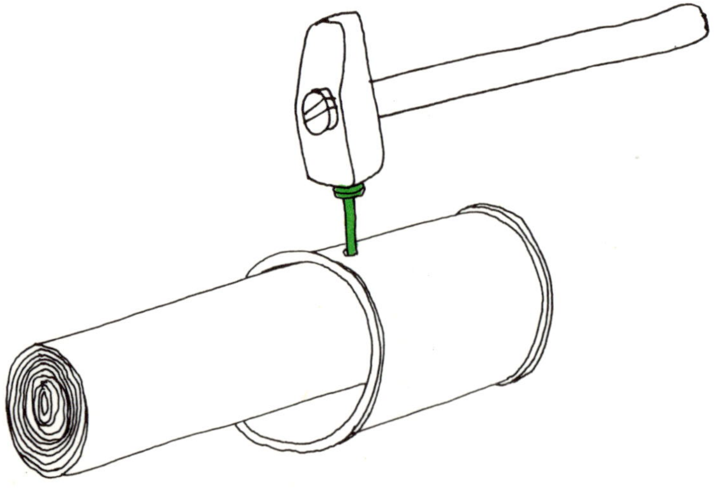

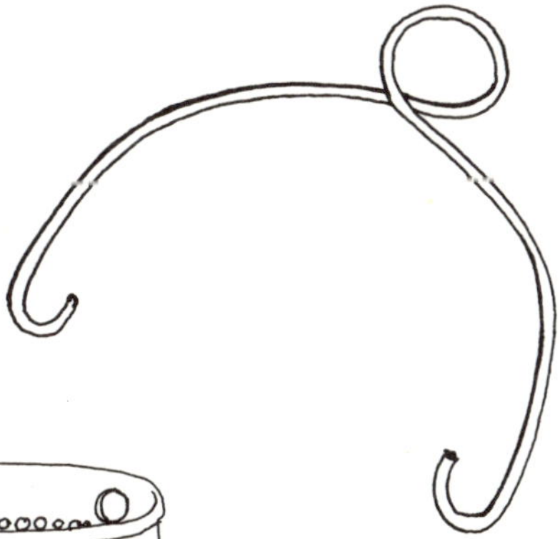

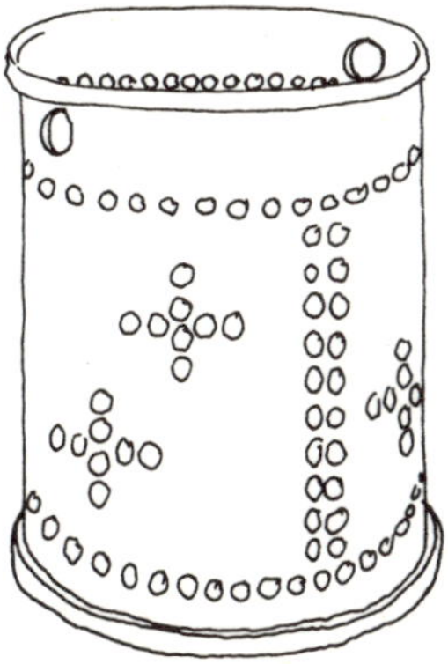

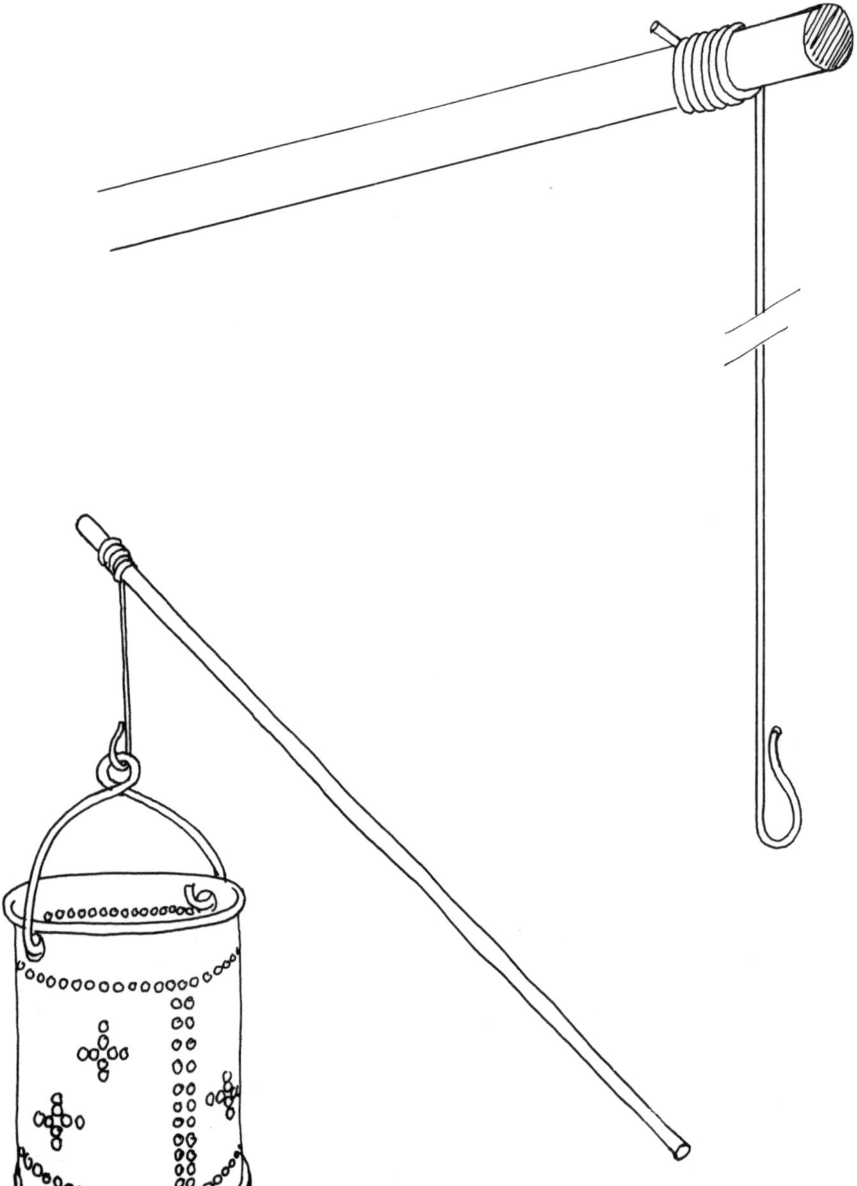

Gestaltete Wachskerzen

Kerzen gehören heute in jede Wohnung. Sie können stimmulierend wirken, Atmosphäre schaffen, als Fernsehleuchte und auch als Rauchverzehrer dienen.

Schön gestaltete Kerzen können sehr teuer sein.

Hier gebe ich dir einige Ratschläge, wie du einfache, schlichte Kerzen, die du preiswert in einem Kaufhaus erhältst, kunstvoll herrichten kannst.

Material:

1. einfache glatte Kerzen
2. Plakafarbe, Pinsel, Stricknadel
3. Wachsfolie, Klebwachs, scharfes Messer

Ausführung:

Du bemalst eine glatte weiße Kerze mit der von dir gewünschten Plakafarbe und läßt sie trocknen. Dann beginnst du mit einer Stricknadel dein vorher auf einem Stück Papier aufgezeichnetes Muster einzuritzen (s. Abb.).

Eine andere kunstvolle Technik ist das Aufmodellieren von farbigen Wachsfolien, die du im Bastlergeschäft kaufen kannst. Auch hier zeichnest du dir erst einen Entwurf vor und beginnst dann mit einem scharfen Messer die einzelnen Motive auszuschneiden. Mit Klebwachs bringst du dann die einzelnen Teile an die Kerze an.

Motive für deine Kerze kannst du aus der Oster- und Weihnachtszeit nehmen.

Solltest du eine Kerze zum Geburtstag oder zum Namenstag verzieren, kannst du Zahlen, Sternbilder, Blumen usw. anbringen.

Hast du eine sehr große Kerze, bietet sich zum Ausgestalten auch eine Lebenskerze an (s. Abb.).

Kerzen selbst gießen

Kerzenreste solltest du sammeln und aufbewahren. In der Adventszeit kannst du dann aus diesen Kerzenresten wunderschöne neue Kerzen gießen und zum Weihnachtsfest kleine Geschenke daraus arbeiten.

Material:

1. Kerzenreste
2. Dochtband
3. Formen

Ausführung:

Die Kerzenreste ordnest du nach bestimmten Farben und läßt sie in einem alten Topf schmelzen. Das flüssige Wachs säuberst du nun von alten Dochten usw.

Von deiner Mutter borgst du dir Ausstechförmchen wie Stern, Herz, Kleeblatt, Blume usw.

Dann nimmst du eine harte, glatte Unterlage und legst die Förmchen darauf. Nun gießt du alle Förmchen mit etwas flüssigem Wachs an, damit sich der Boden etwas härtet. Hierein gibst du nun die vorher geschnittenen Dochte. Achte darauf, daß beim langsamen Nachgießen des Wachses der Docht in der Mitte stehen bleibt und die Form nicht überläuft.

Nachdem das Wachs erkaltet und gehärtet ist, löst du mit Hilfe eines Messers vorsichtig die Form vom Untergrund und dann die Kerze aus der Form.

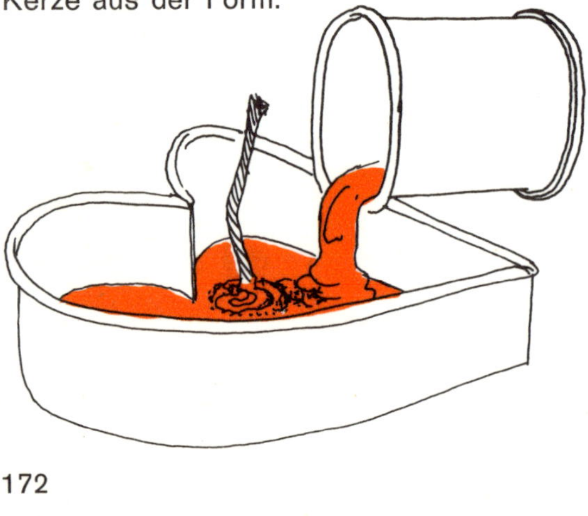

Willst du größere Kerzen gießen, besorgst du dir größere Formen, z. B. Einmachdosen (Würstchendosen, Mandarinendosen usw.) und säuberst Dose und Rand gut.

In den Boden der Dose klopfst du mit einem Nagel von außen ein Loch ein, ziehst den Docht durch, verknotest das Ende, so daß der Docht nicht mehr durchrutschen kann.

Nun gießt du die geschmolzenen Wachsreste langsam am Docht entlang in die Dose.

Nach dem Härten des Wachses könnte sich in der Mitte am Docht eine Vertiefung zeigen. Gieße dann noch etwas flüssiges Wachs nach. Wenn das Wachs endgültig erstarrt ist, tauchst du die Dose kurz in heißes Wasser, und du kannst die fertige Kerze herausziehen.

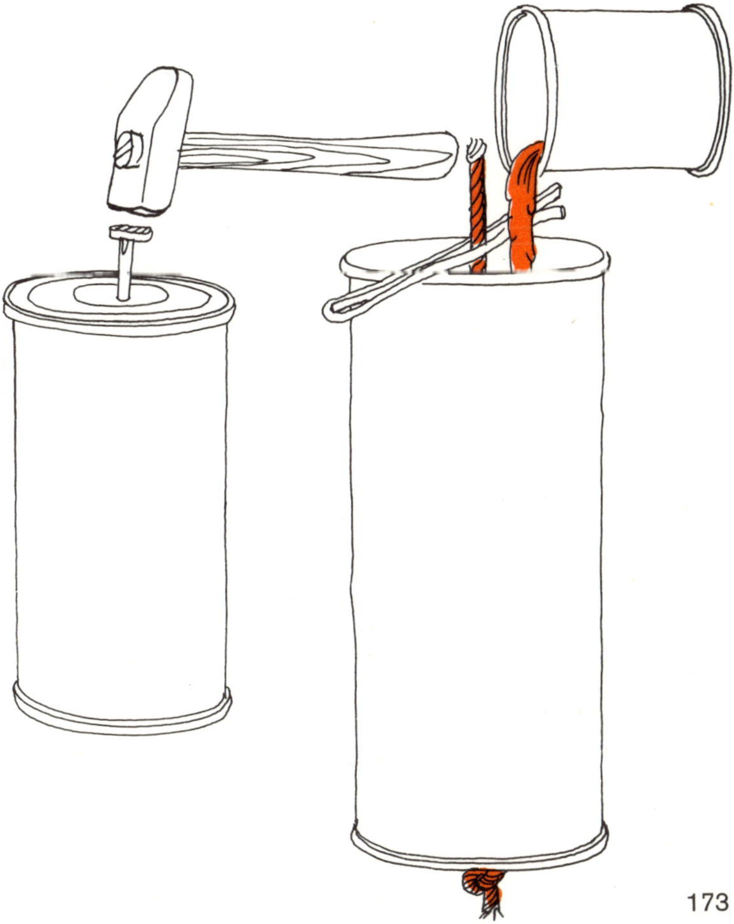

Eine andere Möglichkeit, von der herkömmlichen Form abzugehen, ist das Gießen von Wachsresten in eine runde Napfkuchenform. Hierin kannst du so viele Dochte einstecken wie alt du oder das Geburtstagskind wird.

Nach dem Erhärten die Napfkuchenform kurz in heißes Wasser stellen, und die Kranzkerze läßt sich herausnehmen.

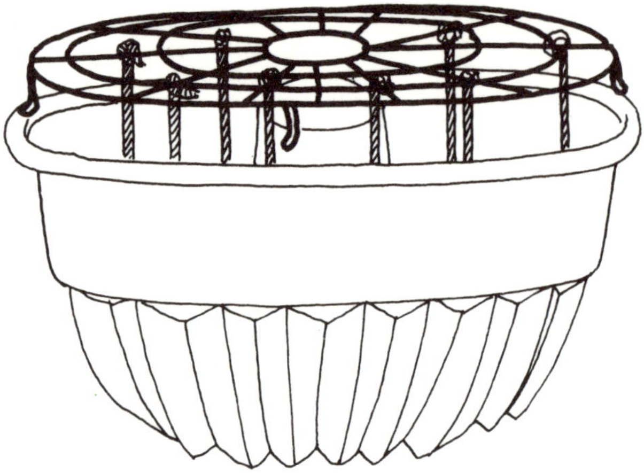

Süßer Tannenzapfen

Ein schöner, trockener Tannenzapfen kann dir und anderen die Adventszeit versüßen.

Material:

1. ein schöner großer Tannenzapfen
2. bunte Schokoladenplätzchen oder Schokolinsen

Ausführung:

Hol dir vom Gärtner, aus den Parkanlagen oder aus dem Wald einen schönen Tannenzapfen.

Fast immer ist der Zapfen noch geschlossen, die Schuppen liegen eng an. Wenn du ihn bei schwacher Hitze in den Backofen legst, öffnen sich die Schuppen.

Nun steckst du von unten nach oben die einzelnen Schokolinsen (Liebesperlen nach außen) hinter die Schuppen. So entsteht ein wunderschöner, kleiner, süßer Tannenbaum.

Damit er gut steht, nagele oder klebe vorher einen runden Pappdeckel an.

Wenn dir mein Vorschlag gefällt, kannst du schon im Urlaub daran denken und Tannenzapfen sammeln.

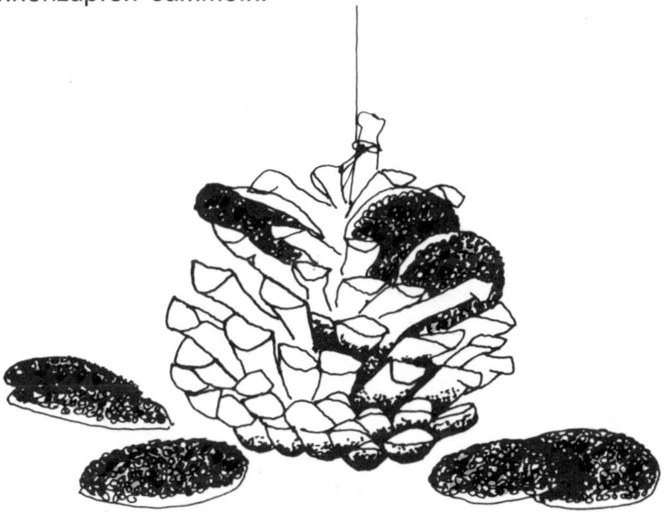

Christrose

Diese schöne, kunstvolle Holzfurnierblume allein, gruppiert oder mit Nadelzweigen (Kiefernzweigen) in eine Boden- oder Tischvase gestellt, ist ein anspruchsvoller Zimmerschmuck.

Material:

1. helle und dunkle Holzfurnierblätter
2. Kiefernzapfen
3. kunststoffbeschichteter Spanndraht
4. Kleber

Ausführung:

Holzfurnier besorgst du dir bei einem Schreiner oder im Bastelgeschäft. Den Spanndraht kannst du vielleicht von deinem Vater oder in einem Fachgeschäft erhalten. Die Kiefernzapfen suchst du dir in Parkanlagen oder besorgst sie dir aus der Gärtnerei.

Dann schneidest du dir in den angebenen Größen die Blütenblätter aus. Für jede Blüte brauchst du 5 große, dunkle und 5 kleine, helle Blätter.

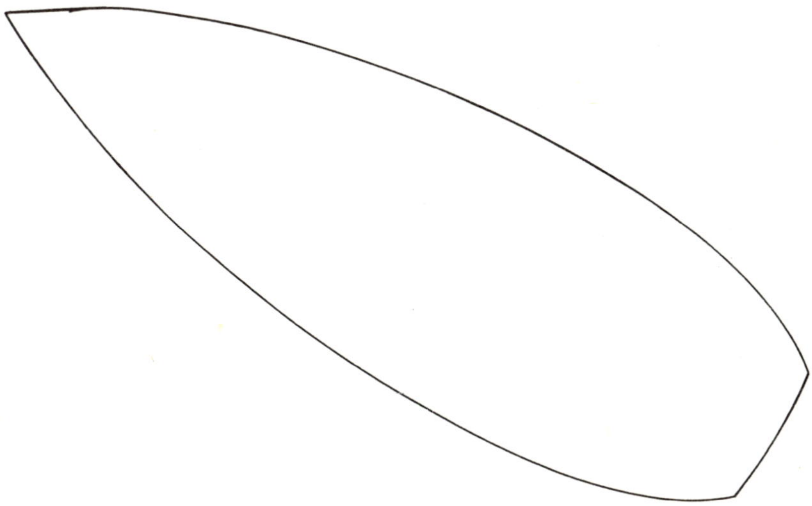

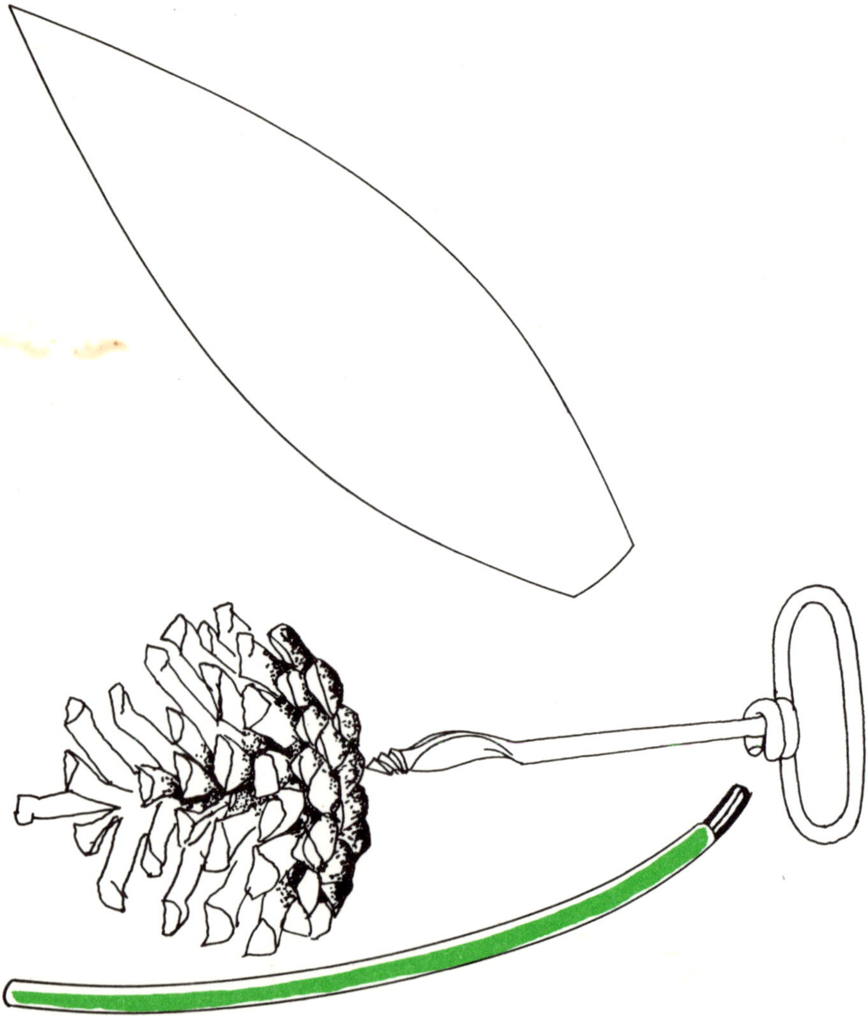

Bevor du nun die Blütenblätter in den Zapfen einklebst (s. Abb.), bohrst du von unten ein ca. 1 cm tiefes Loch, damit du den Draht, den du vorher mit Kleber versehen hast, stramm einsetzen kannst.

Die Länge des Drahtes richtet sich nach der Größe der Blume und der Vase.

Gefüllter Weihnachtsmann

Mit diesem gefüllten Weihnachtsmann oder Weihnachtsengel hast du ein Geschenk für deine Geschwister oder Freundinnen.

Er ist wieder aus einer leeren Toilettenrollenhülse und Stoffresten und mit etwas Geschick herzustellen.

Material:

1. Leere Toilettenrollenhülse
2. Stoffreste
3. Styroporkugel, ⌀ 5 cm
4. Wolle, Spitze, Borde, Watte, Engelhaar, Goldfolie
5. Bierdeckel oder ein Stück Pappe
6. Kleber, Wasserfarbe, Filzstifte
7. Süßigkeiten

Ausführung:

Du beklebst eine leere Toilettenrollenhülse mit einem Stoffrest. Dann schließt du die untere Öffnung mit einem mit Goldfolie beklebten Bierdeckel oder Pappstück.

Nachdem du die Styroporkugel farblich etwas getönt hast, zeichnest du mit einem wasserlöslichen Filzstift das Gesicht auf.

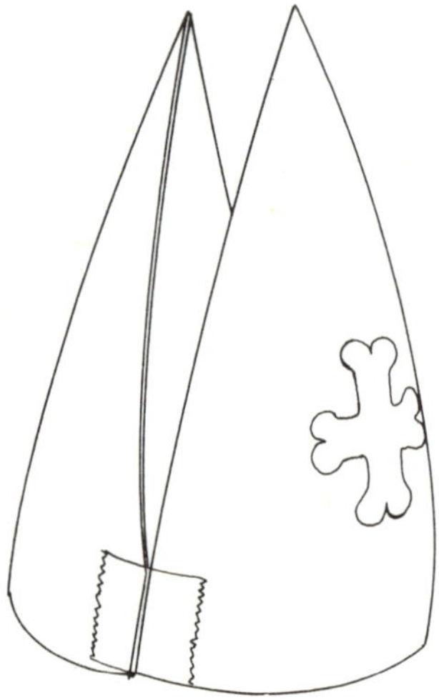

Dem Weihnachtsmann werden aus Watte der Bart und die Haare angeklebt.

Aus farbigem Papier (s. Abb.) setzt du ihm eine Mitra auf.

Nachdem du den Körper mit Süßigkeiten gefüllt hast, klebst du den Kopf auf die Öffnung.

Soll es ein Weihnachtsengel werden, so kannst du die mit leuchtendem Stoff beklebte Toilettenrollenhülse noch mit Goldlitze verschönern. Für die Haare nimmst du weiße oder gelbe Wolle. Vielleicht findest du auch unter eurem Weihnachtsschmuck etwas Engelhaar.

Nikolausstiefel

So ein gefüllter Nikolausstiefel wird der ganzen Familie und anderen viel Freude bereiten.

„. . . Nikolaus ist ein guter Mann, dem man immer danken kann . . ."

Material:

1. farbiger Filz
2. Nadel und Woll- oder Stickgarn
3. Borden und Litzen

Ausführung:

Zuerst schneidest du dir ein Papiermuster aus, legst den Filz doppelt, heftest das Papiermuster auf und schneidest ohne Nahtzugabe den Stiefel aus. Dann nähst du mit einem groben Steppstich mit der Nähmaschine die beiden Stiefelteile aufeinander. Laß bitte einen Rand von ½ cm stehen (s. Abb.).

Solltest du keine Nähmaschine haben, kannst du auch mit einem kräftig farbigen Woll- oder Stickgarnfaden die Teile grob aufeinander steppen.

Mit glitzernden Borden oder Zackenlitzen kannst du dann noch den Stiefelrand verschönern.

Einen kleinen Aufhänger bringst du in der rückwärtigen Naht an.

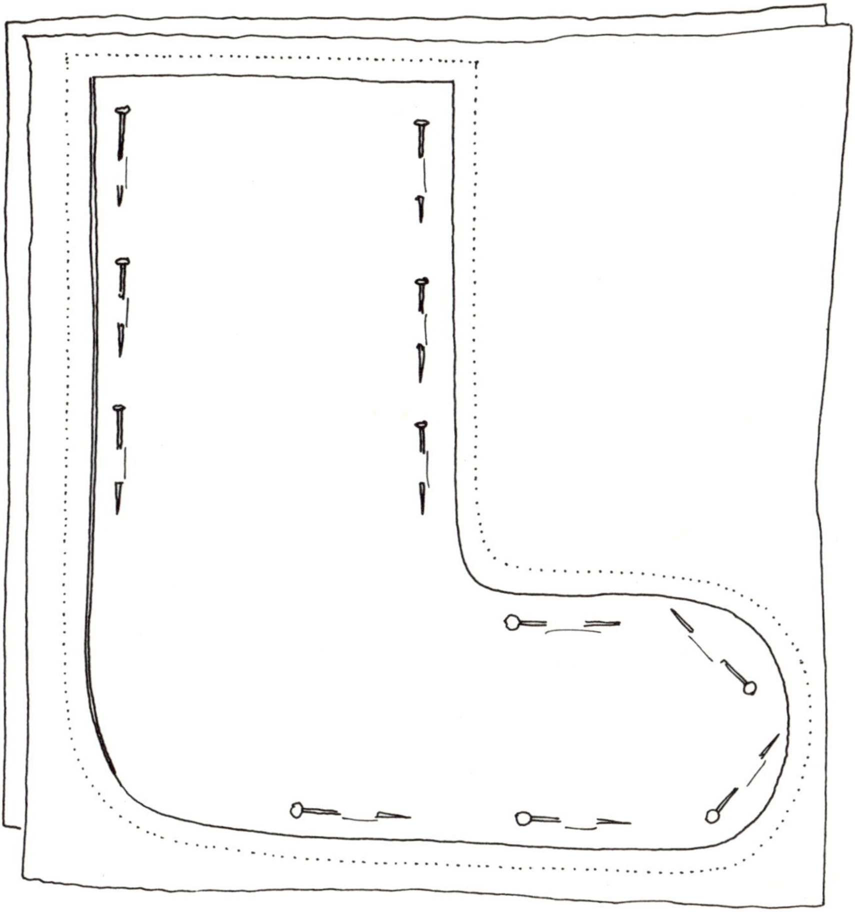

Wenn du mit einer
Zick-Zack-Schere die
Stiefelhälften zuschneidest,
sieht der Stiefel schöner aus.

Den gleichen Nikolausstiefel kannst du auch aus einfarbigen Gminder Leinen herstellen und mit hübschen weihnachtlichen Motiven im Kartoffeldruck oder einem Linolschnitt bedrucken.

Am Stiefelschaft nähst du einen Umschlag von ca. 2 cm und ziehst ein Kordelband zum Schließen durch.

Weihnachtsengel

Am Weihnachtsbaum aufgehängt, leuchten und drehen sich diese kleine Engelchen durch das ausstrahlende Kerzenlicht.

Material:

1. Goldfolie mit farbiger roter Rückseite
2. Zirkel
3. roter Zwirn

Ausführung:

Mit einem Zirkel ziehst du einen Kreis von 9 cm ⌀ auf deine Folie. Von der Mitte aus nochmals zwei weitere Kreise (Zeichnung genau beachten). Der innere Kreis von 1,5 cm ⌀ ist der Kopf. Der äußere Kreis ist für die Arme und hat einen ⌀ von 3 cm.

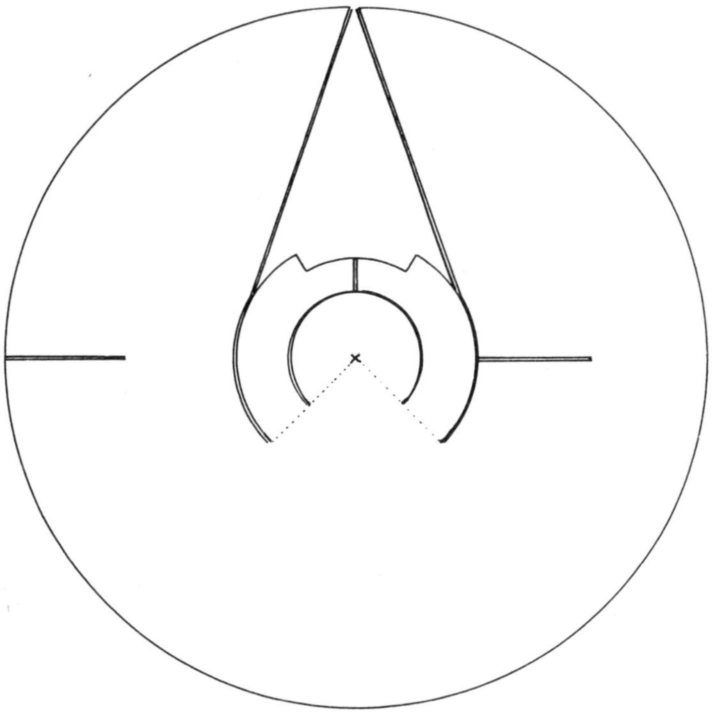

Nun schneidest du bis zum Armkreis die Linie von 3 cm ein. Von hier aus beginnst du mit dem Armkreis, den du bis zum Körper (s. Abb.) einschneidest.

Das gleiche machst du mit dem Kopfkreis.

Den Armkreis schneidest du in der Mitte durch und schneidest mit der Schere die Form einer Hand.

Nun mußt du noch einen Einschnitt von 1,5 cm Länge von der Außenseite des großen Kreises und einmal von der Innenseite machen (s. Abb.).

Dann steckst du die eingeschnittenen Flügel, die du vorher etwas schräg abgeschnitten hast, ineinander.

Zum Schluß ziehst du mit einer Nadel einen roten Faden durch die Mitte des Kopfes.

Viele dieser kleinen Engelchen können nun um deinen Weihnachtsbaum schweben. – Frohe Weihnachten!

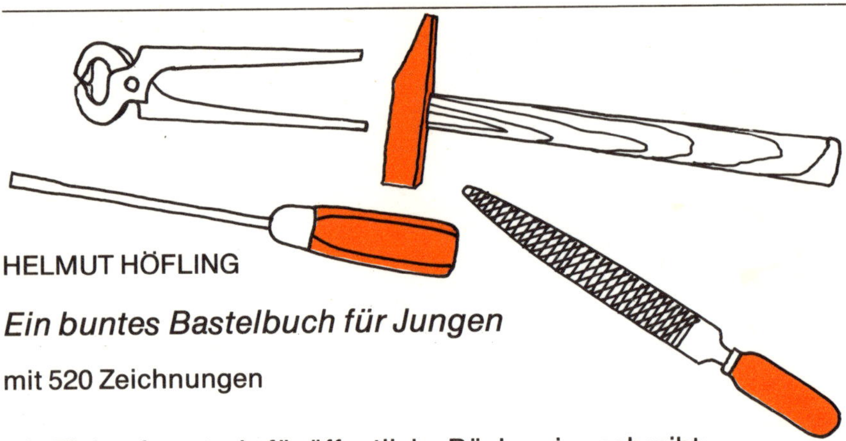

HELMUT HÖFLING

Ein buntes Bastelbuch für Jungen

mit 520 Zeichnungen

Die Einkaufszentrale für öffentliche Büchereien schreibt:
Ein Bastel- und Werkbuch für Jungen, das mit verschiedenen Werkstoffen und unterschiedlich schwierigen Bearbeitungsverfahren vertraut macht. Es besticht durch reizvolle Auswahl seiner Bastelobjekte (Spielzeug und Spiele, Geschenke, praktische Gebrauchsgegenstände). Knappe Anleitungstexte und instruktive Zeichnungen. Auf Kenntnis und sachgerechte Benutzung der Werkzeuge wird Wert gelegt.

Ein kleiner Auszug aus dem Inhalt:

Vom Bastler zum Techniker Werkzeug für Bastler Der Werkzeugkasten Die wichtigsten Werkstoffe für Bastelarbeiten Alles aus Papier gefaltet: Klatsche Trinkbecher Faltflugzeug Papierhut Papierschiffchen Weihnachtsstern Schwan Fliegendes Vögelchen Sprachrohr Schnurtelefon Drachen Reckturnen Gummiring-Pistole Zimmerschießstand Reagenzglas-Lampe Musiktisch Brettel-Rennwagen Tisch-Fußballspiele Tischtennistisch Segelschiff Kaminholzständer Rustikaler Kaminholzständer Nistkästen Vogelfutterhäuschen Meisen-Futterkasten Bücherregal Minigolf zu Hause Gartenspringbrunnen u.v.m.

kibu